JN234329

叢書・ウニベルシタス　679

カオスとシミュレーション

ノルベルト・ボルツ
山本　尤 訳

法政大学出版局

Norbert Bolz
DIE WELT ALS CHAOS
UND ALS SIMULATION

© 1992 Wilhelm Fink Verlag

Japanese translation rights arranged with
Wilhelm Fink Verlag, München, through
The Sakai Agency, Tokyo.

目次

カオスとシミュレーション

序言

哲学をする際には昔日のカオスの中に下りて行って、そこを居心地よく感じなくてはならない。分別の不毛な高みから暗愚の緑なす谷間へつねに下りて行かねばならない。

——ルートヴィヒ・ヴィトゲンシュタイン

ポール・ヴァレリーは一九四一年に発表した『私のファウスト』についての論考で、現代の科学のシナリオを描いている。そこでは認識による誘惑が大きな成果を上げていて、悪魔さえもが「邪悪な」知のこの勝利を喜ばないほどなのだと言う。個々人が統計の中に解消し、魂が消滅し、人間の思考が実験物理学のために形而上学を犠牲にし、ロゴスを機械言語として脱魔術化して以来、神による支配の忠実な代理人であるメフィストフェレスも、その悪魔の業を振るう手がかりをなくしてしまっている。悪魔が熟知していた昔のアダムの世界はもはやないからである。悪魔の上に今漂っているのは、もっと悪いものに置き換えられるという脅しである。しかしそれゆえに現代の科学のシナリオは、ファウストの物語をそのまま裏返しにしたものになっている。つまりファウストは、悪魔の観察者になっていて、近代への旅で悪魔について行くことになる。

ファウスト　(……)　お前がこうして自分の永遠の中に腕をこまぬいていて、紀元第一年のお前のやり方に頼っている間に、人間の精神はまさにお前自身によって利口にされて……ついに森羅万象の裏側にまで攻勢を加えるようになった。……考えても見たまえ、彼らは物体の内奥に、いわば物体の実在の手前に、かの太古のカオスを再発見したことを……

メフィストフェレス　カオス……というと、昔私の見たあれですか。そんなことはありえないが……。

ファウスト　それをお前に見せることだってできるだろう……

メフィストフェレス　カオスをね……

ファウスト　そうだ。カオスをだ。あの太古のカオスをだ。あの名状しがたい矛盾のうちの最初の無秩序、その空間、時間、光、さまざまな可能性と潜勢性がまだ未分化のままであったあの原初の混沌……

カオスの息子である悪魔は、科学がその根源領域を究明して以来、時代遅れになっている。今日では、カオスは、没価値的な概念のようで、例外状態ではなく、正常性――たとえば、大々的な交通渋滞や経済変動など――を表すものである。それと同時に、選り分けられていないものや複雑なものの科学的な征服は、新しい美の構造を明らかにしている。つまり、「コンピューターのスクリーン」上での千変万化のフラクタルが、これまで数学では扱いにくかったものに新しい具象性を与え、非線形システムの力動性をアド・オクロス(眼前)に見せてくれる。

コンピューターによるシミュレーションは、予測できないものや盲点、乱流や不規則なものの扱い方を教えてくれる。このことはまた理論のメタファーとしての迷路が現在大流行していることの説明にもなっている。諸科学がカオスから次々と新しい規則性を強引に引き出すようになって以来、カオスに対する以前の不安には何の根拠もないと言うこともできよう。その際、カオスの研究は、(一) カオスには隠された秩序がある、(二) 秩序はカオスに逆転する、というこの概念の二つの側面で行われている。しかしカオスとポスト歴史的に折り合おうとすると、カオスの可能性の歴史的な諸条件が抜け落ちる。その理由はどうやら、思想の歴史の中でのカオスの経験が排除と復活の論理に屈しているところにある。本書の第一章ではカオスの「無害化」の重要な段階を再構成する。

無害化されたこのカオス概念は、近代の諸条件のもとで美学的に肯定できるものになり、ついにはコンピューターの諸条件のもとで科学として可能なものになる。本書の第二章では、まず、カオスが二十世紀の技巧的な仕事の鍵概念に昇進するさまを示し、次いで「フラクタル的な知識」の基本原理を視野に入れての数学的カオス研究という決定的な発見に焦点を当てる。途方もないものの数学、無定形なものの形態学、破局理論に基づいてコンピューターで作成された画像を見ていると、世界を理解するとは今日では世界をシミュレーションしうることであるのを知る。

デジタル化と世界のシミュレーション、カオスの究明と非線形の力動性の究明が、二百年にわたる近代の強制を振り払おうとしている新しい西欧文化の技術的・科学的背景になっている。本書の第三章では、いわゆるポスト・モダンを一つの社会の客観的な幻影として描く。この社会は秩序から複雑さへ、精神からコンピューターへ、芸術からエレクトロニクスのメディアへ切り替わっていて――ニーチェの言葉を借りれば、燃え盛るカオスの上にかぶせられた芸術の薄い林檎の皮なのである。

＊

本書は以下の諸氏の助言と援助なくば書かれることはなかったであろう。ここにその名前を列記しておきたい。フィオナ・ゾーンライン、ライマル・ツォンス、ウルリヒ・リュッファー、ウヴェ・シュタイナー、ディートマル・カムパー、フリードリヒ・キットラー、アンドレアス・ランゲ、ダニエル・ビンスヴァンガー、ゲールト・ローヴィンク、エファン・マヤコウスキー、パウル・ミヒャエル・ペリー。それにベルリン自由大学の根気強い学生たち。

第一章　不規則なものの帰還

もう一つの世界がすぐ近くに迫っている。
――エドマンド・リーチ

1　原初の区別

最近の社会学の論文に「境界概念が理論的に処理されることは稀で、たいていがほとんど成果を上げていない」とさりげなく述べられているものがある。[1] これに反して弁証法の思弁には成果がないわけではない。そこでは境界を定めることが諸関連を否認するものと考えるのではなく、逆に諸システムを保持し、それをそれぞれの境界のシステムに結びつけて考えている。ただ一見しただけでは、境界は、そこで何かが他から切り離されるという意味で、否定である。境界がこのように他者の非在を強調するというかぎりで、自らの現存在はつねに自らの境界のこちら側にある。このことはしかしまた、境界がまず何よりも何者かにその現存在を与えていることを意味する。このようにすべての有限なるものにはその境界が内在していて、有限なるものはその現存在を境界の中にのみもっている。

こう考えると、極めて明瞭な弁証法的規定に辿りつくわけで、他者は有限なるものにとって自らの客観化された境界だということになる。境界が否定するものだというかぎりで、他者は「存在する無」である。そしてこの境界が有限なる現存在に内在しているというかぎりで、有限なる現存在は「自己自らの他者」である。それゆえ、現実のものになるとは、有限なるものの中で自己を限定することである。まさにこのことこそ、ヘーゲルが疎外化（Entäußerung）という概念で考えていたものである。こうしたことを背景に考えれば、『精神現象学』の最後のヌミノースな文章も十分に意味をもってくる。つまり自らの境界を知るとは、自らを犠牲にすることなのである。

何者かが存在するのは、自らの限界の中でのみ、自らの限界によってのみである。この限界は定有（Dasein）にとって単なる外的なものとみなされるのではなく、むしろ限界がこの定有の全体を貫き通っている。(2)

それゆえ、ヘーゲルにとってもすでに、人間は限界という弁証法的な概念の具現であって、有限なるものは、自由そのものから自らを限定しながら、限界を乗り越え、超越しようとしているのであって、限界をもたない限界存在なのである。しかし有限なる人間存在にとって限界が何を意味するかが読み取られうるということは、また、限界にとっては当然の基準がないことをも意味する。限界を定めることは原則的に「反自然」なのである。ジンメルはこの構想を先鋭化して、肉体的にリアルな限界は結局は社会的な——そして最終審では——精神的な限界策定過程の象徴にすぎないと言う。

限界は社会学的な効果をもつ空間的事実ではなく、空間的に形作られた社会学的事実である。(3)

この社会学的な見解は、社会学的なシステムの限界を地域的に固定するという誤解を避けようとするもので、ここで考えられているのは、国の境界ではなく意味の境界である。

しかしこの弁証法的な境界表現は、システムの境界の外の他者を同じ構造をもつ何者かと期待しうるときはつねに問題を孕むことになる。「他者そのもの」という独自の表現から読み取られる「外に」あるものとの弁証法的な親密な関係がそこでは失われるからである。そこでは自らが境界であるということはもはや問題ではなく、問題はせいぜいのところ自らをその境界に留め置くことである。この意味で、カントの理性批判は、理性を用いるときの限界の決定であり、しかも二重の意味においてである。つまり知性によってのみ認識可能な世界の中で羽目を外してはならないという禁令だけを意味しているのではない。認識を経験領域だけに限定すると、同時に「われわれの世界以外には何ものも認識できるものは残っていない」という経験的な諦念に限定されることになる。「理念の世界においては経験の束縛は弛められる。つまりそこでは境界概念が想定され、それが感性を制限し、主体を自然のコンテクストから解き放つ。これが理性批判の二重の機能なのである。「われわれはこの境界の上に留まっている」とカントは言う。(4)

カントは二重の境界線を引いて、感性に与えられたものをカオスとして区別し、それを認識可能な経験に還元することになるのだが、同時に自然の基盤を「目的論的に」神の手でうまく繋ぎ合わされているとも考えることになる。しかし今、神を信じず、他者性の弁証法も信じない者も、世界のカオスの中に転落するのを避けようとするなら、神を直視し、神のそばに留まるしかない。
一九三二年十一月十六日、ポール・ヴァレリーは、「精神の政治学」について講演していて、そこで彼はアンチ・カオスの力としての精神を呼び出すために、生と呼ばれている無秩序を持ち出す。しかし世界のこの混乱は、それ自身合理的な準備の産物であるゆえにのみ構築可能なのである。それゆえ「精神」はカオスを締め出すことはなく、ゾンデとしてカオスの中に入って行くだけで、われわれには識別できなくなっているゆえに西欧の不安を覚えさせる合理性の形姿以外の何ものでもない。こう見てくると、自己自身を意識する精神は、客観的精神のカオスの中のゾンデとして動くしかない。

精神は混乱を打ち払おうと努め、その混乱から生み出されるものを予見し、カオスの中に感知できる暗流を、明日の出来事になる不確定に交差する線分を、見分けようと試みる。(5)

カオスの中に線を識別する——このことには方法上一つの姿勢が前提されていて、カオスと秩序の区別を帰納的な仕方で再三カオスの残滓に適応することになる。それゆえ問題は、秩序とカオスの間の違いの帰納的な操作にカオスをさらすことでカオスを分解することである。区別されたものの中にコンピューターのように区別を再導入すること、つまり限定されたものの中に改めて境界線を引くことである。スペンサー・ブラウンに倣って「再導入（リ・エントリー）」と名づけることができる。しかし精神の政治学についてのヴァレリーのシナリオでは、こうすることで世界の方向づけの根源行為が呼び出される。こうした関連を理解するためには、エントロピー空間という方法論上のフィクションが役立つ。そこにはまだ区別はなく、したがってまだ名称もない——したがって方向づけのチャンスもまだない。そこはこの世界の「印のついていない場所」である。新たに始めるためにはこの場所を傷つけねばならない。別言すれば、世界をとにもかくにも観察しうるためには、境界線を引き、他と区別し、一定の形をつけねばならない。こうした基本的な区別がどうしても必要なのである。「スペンサー・ブラウンの論理は、最初に区別のつかない区別を要求する。つまり他の区別との違いによっては規定されていないある種の区別である(6)」。

最初にあったのは偶然性である。つまり一つの区別をするという事柄である。「区別するのは誰か」という論理的な問いは、「決定を下すのは誰か」という政治的な問いのように、世界の偶然性の硬い核心へ通じる。それゆえ「区別せよ (draw a distinction)」とは、システム形成の基本的な指示であって、カオスの中に線を引くことで区別するのである。これが境界線を引くことの原現象である。スペンサー・ブラウンは、区別することと名づけることとは、完全な偶然性の中で思い浮かべねばならない行為の二つの側面であるのを見事に描き出している。決定され、区別されること、このことはそれが何であるかよりも重要であって、「われわれは区別することなしには表示することはできない(7)」のである。

こうした考えは初期のロマン主義者たちによって下準備がされていて、自我と非自我というフィヒテの弁証法がシステムとカオスの関係として再構想されることになる。システムを決定するためには、「システムを何かに関連させ」ねばならない。そして「関連させるのは、区別があってこそできる」ものである。しかしシステムの原細胞である自我が（自らと）区別するものは、「単に存在するもの——ないしはカオス(8)」なのである。スペンサー・ブラウンの言う「印のついていない領域」がまさにこれである。ここに規則ができあがるためには、記号ないし名称が必要なのだが、それは諸々の関連から結果として生じるものである。そしてまさにこれが区別から生じる。それゆえここで問題なのは、差別性一般の導入である。伝統的に偉大なる整理係としてのロゴスがカオスとコスモスの境界に呼び出されるのだが、そのとき、これは、ロゴスが言語であると考えられているかぎりで正当性をもっていて、思い違いしているのではない。言語の原細胞はまさに純粋の差別性だからである。それゆえソシュールにあっては「体系の発する価値」について、それは「内容によって肯定的に定義されたのではなく、体系の他の用語との関連で否定的に定義された、純粋に示差的な差異」であり、「それらの最も正確な特質は他のものがそうでないところにある」(9)とされる。

問題は対立関係一般の導入、つまりカオスの中での選別、つまり混沌としたざわめきを背景にしながらのメディアの分離独立――文字通り、「文字」と「文字の間」との区別である。記号表示体の形姿がカオスの上に浮かび上がる。

記号は、記号であるためには、必然的にどのような貯蔵庫にも貯蔵できない背景の前に立つことになる。活字である場合には、背景は何も書いてない白い紙であり、文字が左右逆の鏡像になっている別の場合では空白の黒い空が背景である。(10)

記号表示体は自分と同類との関係から規定されるのであって、記号内容との関係で規定されるのではない。この点では、象徴秩序はシステム形成にとって模範的である。偶然性というスタート時のメカニズムとともに、差別性がカオスの中に持ち込まれるが、その際、どのような区別から始めるのかは、完全にどうでもいいことである。しかしこのことが意味するのは、カオスの「印のついていない領域」に書き込まれる線が秩序とカオスの間の境界とはなりえないことである。というのも、さまざまに区別されたとしても、それはスタート時の偶然のおかげであって、すべては等しく、「世界を初めて分解するための二元的な図式論」[11]に役立つだけのものだからである。

こうした原初の区別は、フロイトの言う「あちらとこちらの戯れ」のような働きをする。閉じたり開いたりできるスイッチのようなものと言うこともできよう。エネルギーの流れとデータの流れを調整するにはそれで十分なのである。こうして単純な対立と反復からシステムが出来上がる。しかしこのことはまた、一つのシステムの実際上の区別がその周囲の世界からは読み取りえないことも意味する。現実的なものの中には対立はなく、それぞれ独自の内在的な構造があるからである。「空間における多様性や時間における反復の偉大な動きは、最初に分裂した二という数で始まる[12]」。

ゾルガーも、ヘシオドスの『神統記』を解釈して、カオスの神話を「印のついていない領域」の最初の分割の原論理だとしている。ヘシオドスのカオスは、絶対的に「区別不可能」な「純粋な存在」である。純粋で分類不能というこの規定はしかし世界の神話的な始まりであるだけでなく、またヘーゲルの体系の出発点でもある。観念論の始まりにあるのもカオスであって、これはゾルガーの神話論理が明らかにしているところだが、「存在、純粋な存在、それ以外の規定は一切もたない」ものであった。ヘーゲルの存在論理は、ヘシオドス的な大きく口を開いた空無、「区別の一切ない」空無であって、そこでは存在は「実際に無」なのである。ヘーゲルの直接的な無は、ヘシオドスの大きく口を開いた空無と同じであって、ゾルガーによれば、この両者はカオスを「根源的に分割できないもの」との定義のもとに一緒にされていて、「分割された存在の不在」と考えられている。(13)

＊

カオスという概念を語源的に辿ると、その派生の一つに、ミュケーナイの ke-ke-me-na がある。その意味は「未開墾」、「持ち主がいない」である。カオスが天地創造以前の存在の奇形を意味しているなら、神々の行為はその土地の開墾と都市化ということになる。土地を開墾する創造行為が儀式化されて繰り返され、カオスは次第に秩序へ作り変えられ、カオスに形態が刻み込まれる。農耕の反復が宇宙進化論を生み出す。労働によって大地に引かれた線が、最初の分割であり、この線でその後の保塁や境界のすべてが決まって行く。古代ローマで境界が崇拝されたのはとくに意味深長なものであって、秩序と区別されたカオスが秩序そのものの中に導入されたのであった。所有物を互いに限定するためにである。つまり境界は「開墾されないままにしておかねばならず、鋤が入ることの許されない数フィート幅の帯状の土地」であり、「この中間地帯は聖なるもの」であった。(14)

境界が定められると世界の形が保証される。というのも、「印のついていない領域」は、方向づけと観察を許さないという厳密な意味で無形のものだからである。ヘラクレスの柱（ジブラルタル海峡の両岸の二つの岩山）の背後にはカオスが待ちかまえている。この世に生まれるためには、カオスに暴力を加えなければならない。まさにこれこそ、形態という概念を考えるとき、ともに考慮に入れねばならないことである。「形態という概念は、区切ることによって、デリダの言う意味での〈文字〉によって、システム論で言う複数のシステムの分離独立によって、世界に傷をつけることなのである」[15]。

区分し区別するために大地に引かれた線には、カオスに形を作る印という意味と、境界線を引くという意味、および領土獲得という意味での請求権を策定するという三種の意味がある。労働の痕跡、領土獲得の標識、区分し区別する秩序の線引き、厳粛な位置測定、これをカール・シュミットは、ノモス（掟）の地域を開発する原初行為における共通の起源にまで還元している。

境界は絶えず侵犯されて、カオスに逆戻りする危険にさらされている。そのために、あのノモスの原初の行為を儀式として繰り返す祭祀に存在確認の意味が与えられる。ミルチア・エリアーデはこの関連で再三にインドの宗教の原始的な行為を持ち出している。家の礎が置かれる場所に杭を立て、それに蛇の頭を打ちつけるのだが、蛇は天地創造以前のカオスを象徴するものなのである。蛇の頭を切り取るのは、形のないものへ切り込むこと、無形から秩序へ向かうことを意味する。蛇と言えばニーチェも、違った意味ながら、孤独な羊飼いの顔と謎の話の中で、蛇の頭を噛み切るという変身のこうした力を呼び出している。

ここで儀式の繰り返しが重要視されていることは真剣に考えねばならない。神話時代のカオスは原始的な行為、つまりノモスの原初行為が、実際問題として存在を確認するものと考えるならば、現在でも現実のものだからである。――これが祭のどんちゃん騒ぎ、カーニバルの無礼講のもつ機能の意味なのである。どうやら人はカオスの中では生きることができないらしい。しかし宇宙進化論的なこうした儀式から推測されるのは、生はカオスと触れることなしには生きられないということである。このことから容易に推論できるのは、乱痴気騒ぎやカーニバルのようなカオス崇拝は、不安へ立ち返るかもしれないという不安を忘れることができるように忘我陶酔を求める意志を表していることである。ニーチェが「理性破壊者として、秩序破壊者として、再び荒々しいカオスへの突入者として」陶酔の神を思い出させているのもこのコンテキストにおいてであった。したがって古代の革命的な祭の陶酔についての「カーニバルの歴史的心理学」では「オルペウス教徒の酒神ディオニュソスの乱痴気騒ぎは閏《うるう》のときに締め出されたカオスを思い起こさせるもの(16)」とされている。

境界のために儀式が行われるということは、大きな区別線が絶えず脅かされていることを示している。空間を整理する原始的な行為の成果ははっきりしないものであって、内部の事情や外部からの圧力でカオスに逆戻りしかねない。境界のこちら側には無定形の衝動があり、あちら側には形のない他者がいるからである。秩序への攻撃は存在確認の境界を疑うものであるゆえに、敵はカオスの力とみなされる、と言うこともできる。「安全な秩序を不安定な無秩序から切り離し、宇宙をカオスから切り離し、家を非・家から、保護を野生から切り離す(17)」のが、境界のもつ機能の意味であるかぎりで、見知らぬ者は敵であり、敵は悪そのものである。この境界は他者を閉め出す。他者はこの境界内に入ることは許されない。それゆえ国際法では決定的に人間を重視する方向が取られ、敵の概念をカオスの力とは認めず、「共通の境界の獲得(18)」に向かうことになる。

しかし共通の境界を目指して敵概念を国際法で人道化したとて、秩序を脅かすカオスは見かけだけ追放されたにすぎない。というのも、自然状態のカオスは——少なくとも近代が始まって以来——外部の敵よりはるかに危険なものになっているように見え、人間の生活の国家秩序は再三にカオスからの脱出を強いられているからである。これが十七世紀の政治の状況であって、巨大な怪物である国家は、革命を自然状態の無政府的な力から生ずる怪物であるとして、これを抑え込む。「国家の絶対主義はそれゆえ、核心の、つまり個々人の中の、抑え込むことのできないカオスの弾圧者である」[19]。ホッブズの国家は、あらゆる悪の中の最悪のもの、つまり内戦を、制度的に阻止するものである。統治者はカオスの伝導士なのであって、「反乱はあらゆる秩序、政府、そして社会を暴力や内戦といった第一級のカオスに巻き込む」[20]とホッブズはきっぱり言ってのけている。

神話の中で行われる怪物の戦いを見ると、絶対主義の国家概念と自然状態を暴力のカオスと考える構想が構造的に密接に繋ぎ合わされていることが分かる。それゆえ革命の暴力を正当化しようとするどのような試みにも、あの「最初のカオス」を対立像としてではなく、神の秩序の誕生の場と捉えることが問題にならざるをえない。これは友好的な怪物としてのビヒモスである。「市民的状態に自然状態を対置し、そうすることで人間を慣習と法の伝統から切り離し（……）きちんと整えられた社会を根源のカオスに引き戻し、カオスから自分たちの秩序のための基準を作り出すのが革命」なのである[21]。

反改革的秩序概念へのアンチテーゼがこれほど鋭く表明されることはない。バロックの統治権は破局の陰画であって、カオスの突発としての例外状態を排除することと定義され、宗派間の内戦の後には、秩序そのものに対する憧憬のようなものが現れた。パスカルは原罪について精妙な考察を行って、そこで問題となりうるのは非常事態の秩序だけであることを明らかにしている。「人間の放埒」によって失われた根源の秩序は新たな規則によって補完される。そして人間は、自己の「楽しみ」のために「法の正義」を無視してきたがゆえに、今や実際上だけの「法の掟」に従わねばならない。これが楽園の後の存在についてのパスカルの論理の核心である。実際上の権力の正当性は罪による正義の無力化の代償である。それゆえパスカルはカオスの絶えざる脅し（具体的には内戦）に対して「権力を正当化すること」を要求する。[22]

＊

反乱が起こると法も秩序も失効するというかぎりで、原初のカオスとの比較が意味をもってくる。しかしそれと同時にこの比較は社会的な動乱を排除すべき例外状態と想定することになる。現代社会ではこれはもはや問題になりえない。カオスを例外状態とするのは規則なのであり、カオスという概念は、没価値的、純然たる記述的に用いられるからである。問題なのは、カオスを排除することではなく、危険なものだとの考えを転換することである。カオスは、制度や社会構造のもつ機能の意味が明確になる過激な境界概念なのである。というのも、「構造をもたないカオスは絶対的に不確実なものだろうが、不確実だということのことだけは確実なのだろう」[23]からである。絶対的に確実な絶対的な不確実さというこのパラドックスは、現代の社会システムからゴルディオスの結び目のように断ち切ることはできず、この二つ一組の図式化によってのみ解消されうるものである。それゆえ社会の秩序はカオスを排除するのではなく、カオスを確実な期待と不確実な期待の組合せの中に移し入れる。秩序とカオスは同じ広がりをもつと言うことができる。こう考えれば、生の現代的カオスをあえて受け入れることができる。不確実なことの危険性を確率論をもとに保証してくれる（生命）保険があるからである。

構造は不確実性と関連している。しかし不確実性の欠如と関連しているのではなく、構造をもつということは不確実性をもつことであり、さらに構造を拡大するということは、不確実性を増すことである。[24]

神話におけるカオスとコスモスの区別は、宇宙進化論の系譜学的関連から解放されねばならず、人間の生の二元的な原コード化としての役割をしなければならない。というのも、神話はまだカオスとコスモスの統一を考えてはおらず、存在の確実さをまさに連続化によって作り出しているからである。つまり最初にカオスがあって——秩序の境界の中にはまだ入ってなく——おそらくは境界を侵犯してカオスへ逆戻りしそうになっているか、あるいは当初のあの一般的な不安感を思い出すよう警告しているのである。そして第二のカオスがカオスからコスモスへの移行の歴史を集成する。それは絶対的な偶然性を扱う作業である。近代の世界意識のための宇宙進化論的なモデルは役には立たないものではあるが、それでもカオスとコスモスの間の神話的境界線は二元のコード化と偶然性克服という課題を初めて設定したものであるのは疑いえない。

合理主義的な世界の脱魔術化の諸条件のもとで、偶然的な区別が本来の境界の代わりに登場し、二元の図式主義が神話の区別様式の代理をするようになる。しかしその際に決定的なのは、高度に抽象的なコードの二元主義が宇宙進化論的な神話と同じ課題に取り組んでいることである。つまり不確実性と不安に満ちている一つの世界のただ中で存在の信頼を打ち立てようとする。「カオスを信頼することはできない」[25]からである。今、区別し決定するという原初の行為でもって不確実なものの中に信頼の島を作り出すとするなら、信頼と不信頼を区別することで信頼されることが秩序を確実なものにするためには決定的なものである。まさにこのことに神話は配慮していて、コスモスの中にカオスを侵入させているのである。「信頼された世界の中で、信頼と不信頼の区別がもう一度なされる。このために双方の交差が容易になり、そこから向こうには信頼できないものが始まる境界との接触も容易になる」[26]からである。

しかし秩序の境界の彼方には怪物が待ち受けているというかぎりで、カオスとコスモスの区別の統一はまだ考えられていない。これが考えられるようになるのは近代になってからで、それも危険という題目によってである。「複雑性とは淘汰の強制である。淘汰の強制とは偶然性であり、偶然性とは危険ということである」[27]とルーマンは言う。社会システムの複雑さが増して行くと、すべての行動は、原則的につねに違ったものになりうるゆえに――このことこそ偶然性を意味するのだが――危険指数をもつようになる。つまり安全性はそれ自体問題をはらむものになる。これが近代における社会的機能の平常状態であって、不確実性の危険を確率統計的に危険率に転換することが肝要になる。これがうまく行った場合に初めて、境界の彼方の怪物は消え失せる。危険は危険率としてその否定的な徴候を失い、いわば経営することができるようになる。危険をこうして囲い込むと、やがては危険率の美学の舞台が開かれることになり、この美学においてはカオスが生の刺激の化身として賛美される。不確実性の危険が予期しない驚きを可能にするものに変わるのである。そこでクリスティアン・フォン・エーレンフェルスはカオスを「冒険刺激剤[28]」と定義する。しかしそうなると世界の解放性は危険を覚悟することと同じになる。

決断することは、どんなものであれ、今日では危険である。それは事後負担の不確実性の地平線をこじ開けることになるからである。このことを痛感するのは、危険を恐れる者である。というのも、一切の危険を冒さない者は、一緒について行くこともあえてしないからである。慎重なことは貴重ではあるが、チャンスを逸する危険を冒す。それゆえ近代の社会システムの機能論理は、危険性を普遍化してカオスと秩序を統一する。カオスはそうした形で制御されて常在することになる――ドイツのアウトバーンの上でも、新しく連邦に加わった州においても同じである。まさに政治はその自動運動においてカオスと動乱に適応し、偶然性に対処したプログラムを作り、危機管理を行っている。政治は、他のコミュニケーション・メディアと同様に、不確実性をシステム化し、危険を危険率に転換する。社会はこうなると「混乱した戦場」[29]となり、カオスは制御されたものとして、「冒険刺激剤」として、偏在しているがゆえに、そこはもはやカオスに脅かされることはない。

長期計画が決まって挫折するのも、カオスと区別されているだけの秩序がカオスを受け入れるのではなく、世界の複雑性を適当に還元することができないことの証拠である。それゆえ、よく練り上げられた処置も結晶化した制度も、カオスの不足に悩むと言うことができる。やがて周期的に学生運動が起こり、「暴力派」や緑の党が政治の舞台を掻き回すことになるが、このことから実際に「非理性の策謀によるカオスの保持」というマークヴァルトの法則[30]も信じるに足るものとなる。こうなるとカオスの力には、たとえば暴力や原理主義に対して境界を設けることで、政治能力があるということにもなる。しかし秩序の境界が設けられると、議会の硬直というあの周知のプロセスを促すことにもなり、やがては再びカオスが不足するようになる。システムは境界破壊者たちをシステムの中にうまく取り込むことで、彼らに復讐する。混乱した社会にあっては、政治は若返りの泉などではなく、「自己の自発性の欠落と再カオス化の交互浴[31]」なのである。

2 怪物

恐ろしいものはすべて、一番深い底では頼りない
無力なもので、われわれからの助けを求めている。
――リルケ

カントは著書『実践理性批判』において、一見さりげなくではあるが、「無理やりに怪物にされた後にのみ、ヘラクレスはアポロになる」と述べている。しかしよくよく考えると、カントはここでもギリシャ神話の描写の中の主体が自然から無罪宣告されていることに対する弁明をしていることが分かる。ここにキーワードだけ挙げることにする。熱狂を代表する女怪スキュラと懐疑を代表する女怪カリュブディスの間の危険な航海、牛頭人身の怪物ミノタウロスの迷路において手引となる批判という概念、自然のヘラクレスの柱をわれわれの理性の内在的境界とする彼岸の無（Nihil ulterius）[32]。批判的プロセスの現実性は周知のように、このプロセスが実践的な理性使用の排除を相殺するところにある。事情に通じていない門外漢に対する諫止的な保護マスクのように、カントはここで超感性的な世界に「批判のメドゥーサの首」を突き付け、羽目を外した思弁を「退かせ」[33]ているのである。

ヘーゲルは『懐疑主義と哲学の関係』の書評でこうした考えを批判的に浮き彫りにし、自分自身を認識する理性という観念論的プログラムに対する近代の懐疑論者を愚か者と非難し、彼らは「ゴルゴーンの盾の後に隠れて、直接に（……）自分の目で見て、理性的なものを主観的に悟性で表現しながら、客

観的には石に変わっている」[34]と言う。しかしヘーゲルのイロニーも、怪物に対する英雄の戦いになぞらえた自身の課題を思い浮かべている哲学の姿勢を裏づけるものである。

ヘーゲルのイロニーはすでにホメロスの神話論に結晶しているモティーフを忠実に再現したものである。つまり「オデュッセウス」はヘラクレスの威嚇的な身振り、対象のないヒロイズムの壮大な塑像を思い出させるというのである。対象のない威嚇的な身振りは、不安の地平から怪物が現れ出るのを常に覚悟していることの表現にほかならない。ヒュドラの頭が切っても切っても新たに生えて来るように、課題と経験が次々に起こって来ることは、怪物とのヘラクレスの戦いが、その場所の最終的な清掃がうまくいくかどうか、あるいは存在しないもの（das Meontische）の復讐を絶えず覚悟していなければならないかどうか、という問いで先鋭化されることを暗示している。[35]

多くの怪物との戦い中に、恐ろしい不気味なものが征服不能であることが表明されている。怪物との戦いはつねにこの不気味な世界のための代理戦争にすぎないとも言うことができる。ホメロスからカフカまでの文学はこのことの記憶を生き生きと語り伝えている。しかも不気味なものが日常のものの沈澱物であることがはっきりしてくればくるほど、それだけ強烈にである。ヴァルター・ベンヤミンはこうした見方をそのカフカ解釈の要点にしていて、近代という怪物は忘れ去られている太古の世界から生まれてきていると言う。カフカは読者を巨人たちの世界へ強引に引っ張って行くことで、「日常のものの保証としての怪物たち」[36]を提示する。こうした叙述を当然のこととするのはカフカ風と呼ばれる。

純粋に形式上から言えば、これは親しめるものと不気味なものの区別を区別されたものそのものの中に再加入（re-entry）させるという形で導入することである。そうしておくと次に（一）見馴れたものそのものの中に不気味なものが突然に現れ、(二)不気味なものの中へ見馴れたものが連れ去られることが可能になる。こうした抽象の次元でやがてハイデガーは芸術作品の中心的規定を「不気味なものの中への突入」[37]と考えることになる。この突入が慣れ親しんだ世界関連を変化させ、これまでのものを否定し、慣れ親しんだものを覆す。芸術作品は、あらゆる内容から独立していて、存在しながらむしろ存在していないのではないことを表明しているというかぎりで、事柄の開かれたものへの突入であって、このことが芸術作品の出来事としての性格を形成しているのである。芸術がカオスに賭け、不気味なものの中にカオスを巻き込み、馴染深い世界と喧嘩を始める。しかし今、この喧嘩は芸術の方から調停されたり勝敗が決められるのではなく、美的な形姿に固定される。ハイデガーの「開け(Lichtung)」という概念はここでは具体的に、芸術が「存在するもののただ中で開けた場所を打ち開く」ことを意味し、よく知っているものや馴染深いものがその開放性の中で「非存在のもの」に崩れ込み、現存在がその「存在するものの中での当惑」を払い落とす[38]。

こうした考え方は、通常の世界信頼への不信感を掻き立てる。それは頭で考えられた世界信頼の強さに起因するからである。つまりハイデガーにとっては、西欧の合理性とは、人間がさまざまな概念に日常的に取り囲まれることによっていぶかしいものの攻撃から身を守る実践なのである。日常の習慣は恐ろしいものを忘れるためであって、この恐ろしいものの中へ入って行けるのは芸術だけなのである。それゆえにこそ、芸術は――ハイデガーからアドルノに至るまで――驚くべきことを行う最後の舞台なのである。

もちろん、ここで問題なのは、怪物の素朴な恐ろしさではありえず、そうではなく、パルメニデスが非存在（me on）として思考から取り除いた外見上取るに足らないものこそが問題なのである。つまり存在するもの（das Seiende）の中へ差し込んで来るハイデガーの言う存在（Sein）である。馴染深いものと不気味なものとの区別の区別されたものの中への再加入（re-entry）が、存在論的差異を浮かび上がらせる。「不気味なものが馴染深いものの中に現れる、それも馴染深いものとして」[39]。

実‐存（Ex-sistenz）はこうした区別の作戦上の形式であって、馴染深いものの境界を暴力的に踏み越えるとき、不気味なものを呼び起こすのは、有限の人間であり、不気味なものは彼の身に起こるだけではない。そしてこのことがハイデガーの思考の要点であって、本来的な怪物とは有限存在である人間なのである。「不気味なものはいろいろある（Polla ta deine）」、しかし神話の多くの怪物は、危険この上ないもの、つまり有限の実存――「最も不気味なもの（to deinotaton）」[40]――の点景にすぎない。

ハイデガーはここで極めて意図的に詩人の言葉に頼る。ここから不気味なものの前概念が可能になり、論理的に再建しえないものを際立たせる。不気味なものについての理論はすべて、非理性のこうした再建しえない契機を合理的に演繹しようとする危険を冒しているのである。これについては今日、「理性のもう一つ別のもの」と言うのが一般的な決まり文句になっているのだが、これは弁証法によってあっさり片づけられている。それゆえ不気味なものを考えるときには、何事も拒否する女怪スキュラと弁証法を用いる女怪カリュブディスの間を縫って進まねばならない。このことはしかし拒否とともにまた弁証法の不当な干渉の挫折を学ぶことでもある。

空想では奇怪なものを捉えることはできない。というのも、思い描いた像は、どんなに恐ろしいものでも、そこに描かれているものについて慰めになるものを含んでいるからである。それに思考はこの奇怪なものについては何も知ろうとしない。それどころか、諸概念はこの奇怪なものを排除する形で作られていて、現実の恐ろしさが欠けてもいる。ヴィクトーア・フォン・ヴァイツゼッカーはかつて現実的なものを現実のものになるだけのありえないものと定義していて、これは後にラカンがそれを受け売りしているのだが、これは表象作用を逃れているものである。われわれは恐怖の中で、もはや美しいものではなくなっている驚愕の中で、奇怪なものの現実、現実のものの不気味なものを経験するのだからである。ジョゼフ・コンラッドは『闇の奥』で「恐怖」のこの瞬間を不滅のものにしている。闇の奥でクルツ氏は、「生と現存在のすべての真の原料はまさにこの恐ろしいものである」とのシェリングの洞察を確認している。(41)

クルツという名前は、西欧の近代のプロジェクト、科学と進歩の西欧の使者を代表する文字通り短い(クルツ)名前である。彼は世界の始原の荒野のような闇の奥へ分け入る――そこは理解を越えた世界であって、信頼からも遠く離れていて、思い出につながるものは一切ない。この西欧の男は「荒野の魔力」のとりこになり、偉大な孤独の魅惑に負け、彼の内面の空洞――もともとが空虚なのだが――有史以前のものが共鳴する場になる。荒野の極限状態に囲まれて、彼は自分がこの不気味なものと似ていることを知る。ジョゼフ・コンラッドのこの小説の題名の「闇の」は二義的で、目的語的属格であるとともに同時に主語的属格とも読める。有史以前の世界が広がる荒野への旅は、闇の奥に通じているだけでなく、もっと深く心の闇にも通じている。クルツは、いつもうまく「雄弁の壮大な囲いの中に彼の中身の乏しい心の闇を隠す」ことのできた近代のヨーロッパ人の声なのである。そしてこの言葉はカオスの中に反響する。西欧の伝承は「畜生どもをすべて根絶せよ」と「地獄だ！　地獄だ！」という二つの叫

び声に還元される。(42)

この小説はF・F・コッポラ監督によって『地獄の黙示録』の題で映画化され、舞台が現代に移されて多くの点ですばらしいものなのだが、地獄の恐怖――つまりクロソウスキーが「完全な恐怖」と呼んだもの――が想像されえないものになっている。(43) 映画に出て来る怪物はむしろ愛すべきもので、キング・コングは涙を誘いさえする。フランケンシュタインの巨大さは映画に典型的で、まさに自立性に移行する機械でもあり、すでにローゼンクランツが見ていたように「まさに人工的な生を獲得したことによって怪物になる」(44)。ここで問題なのは、自然の境界を爆破するという人間のプロメテウス的なプロジェクトである。つまり問題は突然変異体であって、怪物ではないのである。それは人間の意識的な潜在能力そのものであって、人間は「人工の神」(フロイト)としてその潜在能力を操作する。突然変異の理論が、素朴な体験に大きく立ちはだかるものの科学的克服として現れてくるのも、こうした観点からである。つまりそれは自然そのものの中での量子飛躍であって、「恐ろしいもの、自然界における自然な逸脱(45)」である。自然の途切れることのない呟きの中で、この怪物は自然との違いをはっきりさせるのだが、自然が自分自身を越えて行くその仕方は行き過ぎた過剰なものなのである。

ホラー小説やホラー映画も、この馬鹿でかい怪物を馴染深いものの中に割り込ませる――しかし馴染深いものそのものとしてではない。ポスト・モダンの恐怖の最大の巨匠スティーヴン・キングは製作上の秘密を漏らしていて、ホラー・ストーリーの作家は「規範の代理人」であって、タブーになっている領域への探検を進めるのは、「秩序の欠乏」を作為的に作り出して、この探検そのものを要望の対象にするためだと言う。怪物という概念そのものが「われわれすべてが人間として切望する秩序の再是認(46)」

のための鍵であることが分かる。それ相応にホラー映画は自然法則の停止をもてあそぶ。これが不安の除去の戦略、堅固な世界の建築材料になっていることが分かる。H・P・ラブクラフトはそれゆえホラーの核心を「カオスの攻撃に対するわれわれの唯一の安全装置である自然のこうした不動の法則の敗北」と定義している。(47) 映画の怪物は闇の奥から出て来るのではなく、人間と技術の協力から生まれる。それゆえホラー・ビデオにはクルツの恐怖はどこにもない。「われわれはわれわれの現存在に恐怖を呼び起こしうるものに呼び掛けねばならない(48)」というハイデガーの意地悪い言葉もこう考えるとよく分かる。

不気味なものは、想像を絶していて、表現するにしても必ずどこか欠けたところがでてくる。神話は、不気味なものの体験を語りうるものにしているというかぎりで、奇怪なものを克服する第一歩なのである。神話は不気味なものから苦労して距離を取っていることの表現なのである。怪物を打ち負かすことはどれもが、名状しがたい恐怖を克服することを表している。そして結局のところ、妖怪の物語やその挿絵はすべて、形を取らない耐え難いものを形に表すことで、ショックを柔らげ、あるいはショックをなくするためのものなのである。耐え難いものを形に凝縮して、これをもてあそぶということには、負担を軽減しようとする美的形成が感じられる。形のないものと形を取ったものとの間のこうした境界は、妖怪の原史時代の活動領域であって、境界に現れるという意味でこの妖怪たちは非存在的な脅し否定すると同時にそうした脅しがあることを証明してもいる。「妖怪は無限のカオスの証人であり、否定者(49)」なのである。

西欧の理性の歴史は奇怪なものに囲まれて発展してきている。合理的思考が始まると、まず最初に不気味なものを排除しようとする姿勢を取る。それ以来、合理的思考は「無」という哲学的暗号を背負っている。パルメニデスは、無については何も知ることはできないので、無については心を配らないようにと指示している。哲学の自己主張はそれ以来、存在してはならないものを拒否することである。

ティリッヒとクラウス・ハインリヒには、とくにパルメニデスの「存在しない」ということを不気味な脅しに抗する禁令と解読している。そこでは、主観的、一般的な「非存在（me on）」と客観的、個別的な「非存在（ouk on）」の区別が決定的な役割を演じている。me on が威嚇的な非存在、「意味形式に対する抵抗の場所[50]」を代表しているとすると、ouk on においては、me on のこの不気味な威嚇が哲学的な無に合理化されている。西欧の理性は、me on 的な現実、現実的なものの恐怖が、ouk on 的なヴェールで覆われたときに始まる。それゆえ合理性の考古学にとっては、神話は貴重な証拠力をもっている。というのも、神話は形式はずれと形式の、me on と morphe（形）の間の戦いの痕跡を残しているからである。とくにオヴィディウスの変身（Meta-Morphose）がこれである。変身が後々まで残っているのは奇怪なものである。

理性の自己主張は奇怪なものを排除することに結びついたのだが、その理性の歴史が閉じる瞬間に、追い払われていた怪物たちが帰って来る。ニーチェ以来、不気味なものの具体化が哲学の重要なテーマになる。「認識の囲い[51]」の彼方にある世界の到来は、絶対的な危険という形でのみ――つまり正常な常態との純然たる決裂においてのみ――予想されるものだからである。それゆえ新しい思考は「馬鹿げた、不条理な、突然の」といった怪奇性の種類に応じてなされることになり、それが用いるメディアは「予測のつかないもの、信じられないもの」となり、そのシンボルマークは、ニーチェの『道徳の系譜』に出て来る「欣喜雀躍たる怪物[52]」そのものとなる。

＊

啓蒙のメタファーは、知そのものが闇を作り出すという実情、この闇は省察をさらに進めて行くにつれて増大するという実情をとかく覆い隠す。したがってソクラテス流の知の勃起は啓蒙の合理性の陰茎硬直症になる。緊張を解くことができず、つねに目覚めていなければならない。理性の眠りは怪物を生み出すからである。ボードレールはその詩「マネ・テケル・パレス」で「ゴヤ、かつて経験したことのないもので満たされた悪夢」と言う。ボードレールは、ゴヤの怪物たちが「融和的に生まれた」ことを極めて明確に見てとっている。怪物たちの魔力は奇怪なものの世界をすっかり内在的なものにしていて、それを「ありうる不条理(53)」として提示する。しかしゴヤは不気味なもののこうした内在化を、単に具象的というだけでなく、原・印象主義的な「具象的なものの追放(54)」によって行っている。

理性の眠りは怪物を生み出す。この怪物は夢の中に現れる。「理性の」というは目的語的属格と見て、「理性を眠らせる」と理解すべきなのである。理性を眠り込ませるこの眠りは、現実のおぞましい夜に目を覚まさないように、怪物の夢でもって身を守る。それゆえ怪物は合理主義の眠りの番人なのである。したがって濃縮と延期という夢の中での仕事の職場主任が、奇怪なものの出現の文法を決める。理性の夢というゴヤの規定は、忌まわしい不気味なものと怪物の慰めてくれる姿との間の妥協を目指している。

フロイトはこの天才的な直観を学問的に取り上げている。夢は、われわれには説明することができないわれわれ自身の中にある不気味なものについての、われわれが自己保存のために排除している不気味なものについての情報を、実際にわれわれに与えてくれる。われわれについての真実は、言葉に表すことができないほど恐ろしいものである。精神分析とは、妄想という怪物を何とか追い払いたいと想う理性の注意深い沈黙に他ならないのではないのか。それは恐ろしい幽霊のような声を結局は寄る辺なきものの叫び声として聞き取る沈黙なのである。

3 中身がごちゃまぜの壺とぱっくり開いた大きな口

「カオスを構成する要素を分類するのにも劣らない難題をここでやってのけようというのだ」。
——ハーマン・メルヴィル『白鯨』

マックス・シェーラーはカオスの克服を近代の哲学の基本課題と捉えている。すべての所与のものに対して原則的な不信感を抱く態度はこのためなのである。これは差し当っては原初的な正当防衛と捉えることもできる。外部世界の不気味さと折り合うことはできず、人間の境界の彼方にある「印のついていない場所」から威嚇してくる恐怖は具体的に説明することはできない。簡単に言えば、人間は「カオスとかかわることはできない(55)」。したがって考えるということは、混沌とした世界の多様性に構造とモデルを刻み込む図式主義であって、見当識といったようなものをとにかく先ずは可能にしてくれる。概念があって初めてこの世界に生きることができる。

こうした姿勢は代表的なものではあるが、素朴でもある。シェーラーの同時代人もすでに概念を唯一の武器にしてカオスという怪物に立ち向かう西欧人の涙ぐましい姿を笑いものにしていた。この姿が素朴だというのは、カオスを既成のものとしてではなく、世界の脱魔術化の産物であるとする弁証法を握りつぶしているからである。近代の哲学には太古のカオスがいまだに克服すべきものとして立ちはだかっていて、まさにこのことは、近代が啓蒙を完成し、世界の多様性のあらゆる神秘的作用やアウラ的要素を清算しているということでうまく説明できる。したがって経験的に所与のものの混乱状態は、原始の無秩序ではなく、世界の脱魔術化の結果なのである。「世界はカオスになり、総合は救いになる[56]」のである。

このことは周知のように、啓蒙の弁証法の見解であって、あの総合の内在的批判という思考パターンで市民的合理性の脱構築を進めて行き、そのために排除されたもの——つまりカオス——の復活という姿で近代の原史を捉える可能性を潰している。批判理論が持ち出したテーゼ、啓蒙はそれ自身が神話に逆戻りし、神話はそれ自身すでに啓蒙であるというあの有名なテーゼは、前触れもなく与えられている原初のカオスをまったく知覚させない観察地平においてなされたものである。そこでは、すべての恐怖は、主体が大地を支配するときに発する命令の反響ということになる。したがって、カオスは啓蒙の弁証法の盲点だと言うこともできよう。そして結局、批判理論はあまりに市民的理性にこだわりすぎるために、カオスを正当に評価するところには至り着けないでいる。批判理論の代表者たちは最後の西欧人であって、概念という自分たち独自の武器を自らの手から叩き落すことで、自ら招いた世界の迷誤との和解を期待している。その結果、概念を手放した者の夢幻的な概念がたとえば「非同一的なもの」のようになる。

この人間という大陸から痛みの羅針盤を頼りに船を乗り出し、「市民的理性の下水灌漑農場の土を吹き飛ばし、地底深くまで駄目にして、宇宙を破壊しながら無理やりに新たな皺を作り出すカオス」(57)の中に潜り込む「近代の自我」の場合、事態はまったく違っている。ここでは、つまりベンの詩にあっては、カオスの広大な水平線へ船を乗り出すニーチェの哲学的プログラムがともかくも詩的に実行されている。ツァラトゥストラは、海の底にいる「おどけた怪物」が輝く水面に謎をかけてくることを語っているが、永劫回帰の教説も、こうした謎の一つとして構想されたものであった。謎めいているという性格が思考の刺激にもなり、魔力をもつことにもなる。そこにある存在の偶然性を未来の断片としてまとめて夢想するところでは論理など役には立たない。謎を解く者のみが偶然の救済者になりうる。広い海への視線は、人間であることをやめる術を人間に教えてくれる。彼の蛇の皮、彼の猛獣の美しさそのものが輝かしい謎、黙したままの、不気味な謎であって、人間主義的な答えはすべて笑い飛ばされる。「美しい」怪物を見ると、人間は人間の節度を忘れることを学ぶ。しかしそうなると、自分自身の中の他者に対する彼の立場も変わる。もはや認識の英雄たちがカオスを克服することはなく、カオスの怪物を征服することもなく、自由な精神の持ち主を怪物たちとともにからかうことができるとなれば、そのとき精神の改悛は——これこそ批判理論と否定弁証法につけたニーチェの名前なのだが——悦ばしき知識になっていたのである。

唯美主義は、ニーチェがカオスの無害化のために支払わねばならなかった代価である。しかし広い海に哲学的に乗り出すというニーチェのプログラムは、無秩序なものに対する合理主義の戦いの中で矛を収めて休戦するに十分な強さをもつものである。世界の論理への洞察を約束してくれるのは、混乱したものを学ぶことであって、西欧の哲学の概念の建築物の中での反省的な技巧ではないことに気付き始めるのは公式の哲学の縁においてである。

＊

「神話研究」には決定的な距離を取る働きがあって、これが太古の世界の悪霊の力を分割し、あらゆる面で恐ろしい現実の絶対論を打ち破る――つまり初めて深呼吸するための空気が与えられる。フランツ・ローゼンツヴァイクの言い方では「名前のないもののカオスの中への名前の突入」である。これは、カール・シュミットによって発掘された名前（Name）と（土地の）取得（(Land-)Nahme）と秩序(Nomos）の関連を思い出すならば、そのときにのみ、神学的な妙案以上のものとなる。というのも、名前は、名前を一旦は吹き込んだ事物に貼り付いている恐怖の徴であるだけでなく、また手に入れていることの印、征服した領土、カオスであれ、敵であれ、そこから奪い取った領土の血統書でもあるからである。こう考えてのみ、名前が世界のカオスに秩序を持ち込むものであることが理解できるようになる。

新しい多神論者、神話学者、隠喩学者にとっては、カオスについての認識関心はありえない。カオスは「付き合いやすいもの」でもなく、「歴史の中に巻き込まれているもの」でもなく、歴史を真っ先に排除するものだからである。原始の名前もカオスの経験を固定することはなく、カオスから視線を反らす当初の努力の痕跡なのである。それゆえハンス・ブルーメンベルクは「名前を与えることのもつ厄除け効果」について語る。それによれば、名前は、われわれから原則的に「取り上げられている過去」が形を取ったものであるというかぎりで、世界のカオスの中に秩序をもたらすものである。世界の周知性を暗示する神話のこうした課題は、やがて学問上の分類のプロセスに取り上げられる。啓蒙の自慢の種は、何ものも無名のままにしておかないことによってカオスの恐怖を忘れさせるという点にある。「近代は最終的にすべてのものに名前をつけた時代になった」のである。(58)

ところで、啓蒙を神話からロゴスへの一直線の道、あるいはこの両者の弁証法的な絡み合いと考えるにしろ、それともネオ多神論的に、神話をロゴスの無理な要求から免れているものとして称えるにしろ――西欧の思考のあらゆる再構築に機能的に等価なものがはっきり認められる。つまりそこでの範疇は脱魔術化された世界の神々なのである。すでにエルヴィン・ローデは驚くべき時代錯誤的な逆戻りで六世紀中葉の神秘的な宇宙進化論について述べていて、神々はいまだに純粋な概念になることにいたずらに憧れていると言う。(59)

ところでカオスを克服して不幸を防止するだけでなく、カオスについて考える初めての試みとみなしうる文書が存在する。紀元前七〇〇年前に書かれたヘシオドスの『神統記』である。そこではミューズの女神たちが、「神々と大地はいかにして出来上がったか（hos ta prota theoi kai gaia genonto）」を知っているとされる主体として呼び出されている。詩人は好奇心を掻き立てて、永遠に存在し続ける不死なる者たちがオリンポス山に定住する前に世界の富みを分配し、善を与える者になりえて、自らがまず生まれてきたにちがいないと主張する。そしてミューズの女神たちに、神話の小道具、神々と大地、海と空と星のうち最初に出来たものを報告させる。

すっかり有名になっているのはその答えで、ヘシオドスの世界誕生論の最初の詩句「まことにまず最初にできたのはカオス（Etoi men protista Chaos genet）」である。[60]カオスが夜を生み出し、夜が昼を生み出す。夜がカオスから生み出されたということは重要である。ヘシオドスが淡々と述べている系譜学的な引継ぎ神話では、カオスは消えてなくなっているように見えるが、タルタロス（冥府）に居残っているからである。その場所は青銅の垣根で区切られているだけでなく、また夜に囲まれている。タルタロスの回りのこの垣根は、カオスを閉め出すための、それと分かる神話の境界であって、大地の一番端（eschata gaies）にあってタイタンのような神々の秘密の活動場所である。ヘシオドスはここを夜と恐怖の牢獄、オリンポスの神々さえも目を反らすところと明確に描いている。オリンポスの神々は大きな口を開いている（chasma mega）カオスを憎んでいるからである。[61]

それゆえヘシオドスのカオスは、アナクサゴラスや後のオヴィディウスにおけるようなエントロピーの無秩序ではなく、混沌とした雑踏でもなく、荒々しい大群でもなく、大きな口を開いた空無である。「カオスという言葉は、〈割れ目、空洞〉を意味し、たとえば口を開くとか、傷口が開くとか、山の洞穴が口を開くなどに用いられるchaoという動詞から来ている」。[62]ブルーメンベルクはこの語源上の派生を巧みに利用して、歴史の取り戻しえない根源として、慈善心から歴史をくだくだと語ることはしないように見えるカオスを「隠喩学」でもって解体して、カオスとは、存在するものがとにかく初めて輪郭ができるときの背景の無の高度に凝縮された姿にほかならないと言う。

〈カオス〉とは深淵が大きく口を開いていることの隠喩であって、この深淵はどこと場所が決まっているわけではなく、またその縁なり深さの記述もなされえず、形姿が生まれ出て来る不透明な場所としか言えない

ところである。(63)

ヘシオドスは、この闇のカオスの縁が系譜学的な引継ぎ神話に従ってさまざまな形姿で溢れるようになるのはなぜかという理由は述べてはいない。しかしニーチェのカオスと怪物と形姿の感覚心理学的な比較にこの三者の間の関係を知る決定的な手がかりがある。つまり、感覚妨害（sensory deprivation）から想像的なものが生まれるというのである。大きな口が開いているあの場面を理解するためには、ニーチェの「自然」をヘシオドスの「カオス」に置き換えてみるといい。つまりニーチェは古代の悲劇映画を内因的な映像の創発的進化と説明していて、「われわれが懸命になって太陽を直視しようと試みる場合に、眩しさのために目をそらすと、いわば治療手段として暗色の斑点が目に浮かぶが、これとは逆に、ソフォクレスの主人公のかの光像現象、要するに仮面のアポロ的なるものは、自然の恐るべき内面を覗き見た眼差しの必然的な産物であり、いわば陰惨な夜によって傷つけられた眼差しを治療するための輝かしい斑点なのである(64)」と言う。暗黒のカオスの縁に怪物やさまざまな形姿が現れるのは、ブルーメンベルクが考えているように、眼差しが虚空に向かおうとしないからではなく、虚空への眼差しが耐え難いものだからである。感覚妨害としてのカオスと名前をつけることの禍を防ぐ作用との関連は明白である。

遅くとも神話の哲学についてのシェリングの講義以来、ヘシオドスは最初の哲学者とみなされている。神話のプロセスの完結と神話的意識の哲学的脱魔術化という視点からすると、カオスはさまざまな能力の統一、潜在力の積分の古代的観念なのである。こうした統一が崩れて初めて意識は経験的な世界の多様性に対して開かれるゆえに、意識にとっては当初の統一が単に「神々の深淵」として――まさにカオスとして――構想できるものになったとされる。こうしたヘシオドスのカオスに、シェリングは重要な注釈をつけ、パラケルススに立ち返って、ぱっくり口を開けることを開かれていることとし、この開かれていることを透過性と解釈する。そしてパラケルススの山の精について「彼らは岩や石や岩壁を自由に通り抜けて行く。彼らにはそうしたすべてのものがカオスだからである」と言う。それに応じる形で、シェリングは語源的な派生をさらに掘り下げて、カオスという言葉の中に「深みへの後退、開かれた存在、開かれていることという概念」があるとして、「しかしその概念は無・抵抗・行為という（具体的なものの中でのみ行われる）より高い概念へ立ち返る[65]」と言う。

　それゆえヘシオドスのカオスは決して物質的な混乱を意味せず、人格化することもできず、そうではなく経験的な満たされない状態、無抵抗性、初めての離反を前にした精神的な力のある種の統一につけられた名前なのである。シェリングの見地からすれば、カオスは、哲学が神話の課題を概念にしようとした初めての概念であり、ヘシオドスの『神統記』はそれゆえ自らの神話哲学の原細胞なのでもあった。「カオスという概念は始元には大威張りで幅を効かせていたが、ホメロスにはまったく異質なものであって、アリストファネスにあっては民間信仰以上のものを求める哲学の、神々に抵抗する戦場での合言葉になっていたが、この概念は、神話的なものから離れて行く抽象的な思考にとっては明らかに初めての動き、自由な哲学の初めての動き、を示すものである（……）カオスは後の人たちによって何もない空間あるいは物質的要素が乱雑に混ざり合っているものとも説明されるが、これは純粋に思弁的な概念である。しかし神話に先行する哲学の所産ではなく、神話の後に続いて神話を理解しようとし、やがては神話を越えて行く哲学の所産である。自らの終わりに近づいていて、この終わりから始まりに帰りたいと思い、その始まりから自らを捉え、理解しようと試みる神話こそが、そしてこれのみが、カオスを始まりに置くことができたのである」(66)。

シェリングはこうして後のヘシオドス解釈のすべてに枠を設けたのであった。オロフ・ジーゴンがヘシオドスを最初の哲学者とするのもこのゆえであって、『神統記』の神々の行列は形而上学的根源概念を別の名前にしたものであって、カオスは「質的な無」につけたヘシオドスの名前であると言う(67)。つまり可能なものの総括概念、世界の未展開の潜在能力であり、質的にはこれは無である。昼が夜に続いて、夜から生まれ、大きく開いた口が闇を生み出すだけだからである。「無が(……)存在に先行する」(68)のである。真理(aletheia)構想を背景にしたハイデガーのカオス解釈まではここからはただ一歩である。底なしに開かれているものの大きく開いた口は真理出来の自らを開く深淵なのである。この解釈は、ヘシオドスが実際に忘却(lethe)をカオスの系譜に組み入れていることを支えにしたものである。

こうした解釈に共通しているのは、『神統記』を隠された存在論と見て、神々と怪物たちのカタログをリンネの分類の先取りと見ていることである。つまりヘシオドスを詩人と見るのではなく、哲学者と見ているのである。ジーオンは「ヘシオドスは始まりについて、そこにあった初めてのものについて語る。詩ではそんな始まり方はしない(69)」と言う。しかしこのテーゼは偏見をもたない読書経験には正当なものとは言えない。つまり神々の伝承、怪物たちのカタログ、そして無数の名前と形姿、これらは逆に、ヘシオドスにとっては根源の恐ろしさから大急ぎで離れることが大切だということを示しているものだからである。その際、名前をつけることのもつ禍を避ける機能がとくに明確になっている。つまりは名前のない恐ろしさは神々の名前がついた建物の隙間からしか漏れて来ないからである。

*

オウィディウスはあるときヤヌスにこう語らせている。古代人は自分をその途方もない高齢のゆえにカオスと呼んでいた、と。シェリングはこれを受けて、ヘシオドスの構想を越えて行く神話の進歩を強調している。つまりヤヌスが、より正確に言えば、ヤヌスの双頭が、カオスの機能をもつ場所であるとするなら、区別をカオスそのものの中に持ち込むことが可能になる。カオスを根源の統一の仮の名前にすぎないと捉えれば、ローマのヤヌスの頭が外に向かって開いているのに対し、ギリシャの考え方では根源の統一を奥底深くに沈めて認識できないものにしているからである。

シェリングの解釈には難点があって、自らの中に区別を持ち込むカオスへのこの進歩を、ヤヌスがカオスを人間化することによっては否認しないのである。そこではヤヌスは完全に限定されたカオス概念につけられた名前と捉えられていて、根源の統一の諸要素を区別しているからである。区別が広く知れ渡ると、カオスも捉えうるものになる。こうしてシェリングはこれを精神的な潜在力の形而上学的統一と解釈することになる。

それゆえヤヌスの頭は、カオスの中で考えられている統一ではあるだろうが、それは互いに離反する瞬間にすでに、つまりは認識が可能になった瞬間に提示された統一である。(70)

しかしこの解釈は、オヴィディウスのカオス概念へはそのまま通じるものではない。カオスは大きな口を開いているというヘシオドスの考えがその後まもなくして、雑然とした混乱状態というカオス構想に対してはっきり勝利するようになる。語源的に見ると、カオスはヘシオドスにおいてはchainein（大口を開ける）から来ているが、ゼノンやストア学派ではchēesthai（注ぐ）から来ていて、決定的な違いが確認できる。

アナクサゴラスは紀元前五世紀にカオスを根源的なエントロピーだとする意味深長な構想を打ち出している。すべての動きの前にすべてのものの精液の絶対的な混合物があって、カオスという中身がごちゃまぜの壺の中で絶対的なエントロピーという原状態が掻き混ぜられる。その後に選別の代理人として精神（Nous）が立ち現れて、ゆっくりと秩序構造を作り上げて行く。生成とは、アナクサゴラスにとっては、混合物が分解し、精液のエントロピー的レパトリーから選別が行われることである。アナクサゴラスにあってはそれゆえカオスという概念は根源的な直観ではなく、すべてのものからすべてのものが生じるという生成概念からの当然の帰結であって、これはニーチェが極めて詳細に観察しているところである。エントロピーと選別――つまりカオスと排除／分解――という思考パターンでもって、アナクサゴラスは一つのものから多くのものを派生させる苦労を省略している。精神（Nous）は等しきものに対する等しきものとして選別する円環運動を行う。「動く数学的な図形」[71]としてである。

オヴィディウスにおいては、エントロピーと選別、混合と分解の代わりに、変化の進行形式が現れる。「変態（メタモルフォーゼ）」は、すべてを変化させる神々を呼び出すことから始まる。神々は「世界の起源から（ab origine mundi）」現在に至るまでの世界の大きな変化を「永遠の歌（carmen perpetuum）」

の中に嵌め込む試みを行わねばならない。

海と大地と万物を覆う天空ができる前には、
自然の相貌は全世界にわたって同一であった。
人はこれをカオスと呼んだが、それは何の手も加えられず、
秩序もない塊で、どろんと重たいだけのもの、
互いにばらばらの諸物の種子がひとところに集められ、
相争っている状態だとしか言えないものであった。(72)

それゆえカオスはもはやヘシオドスにおけるように口を開いた深淵ではなく、すでに一つの顔をもっている。それはいわば変態過程の不安定な自己と同一ではないスタート時の形態である。そこにはアナクサゴラスの精液、つまりすべての事物の種子と胚芽が再び見られる。しかしエントロピーの死の静寂の中にではなく、矛盾葛藤の中にである。「さまざまな形態は変わりやすい仮そめのものであり、互いに邪魔し合っている (nulli sua forma manebat, obstabatque aliis aliud)(73)」。オヴィディウスのカオスはしたがって、永続しえないもので、神による領土の分配と整理によってのみ、決定と区別によってのみ、調整されうる矛盾葛藤である。しかしその後も、メタモルフォーゼを続ける同一性の不安定さと危険からもそれがカオスから発しているものであることを示している。こうした互いに合い争う雑踏はやがてロマン主義において「自然になる前の自然」という理論であるいわゆる超越的物理学の対象になる。これ

はしかし、メタモルフォーゼ論の学問の場への昇格にほかならない。「調和のとれた天と地へのカオスの変化」[74]なのである。

中身がごちゃまぜの壺であるカオスは、それゆえヘシオドスの大きく開いた口よりもはるかに他の構想に接続しやすいものである。そう考えると天地創造は造物主デミウルゴスの行為として理解することができ、さらには美学的実践において天才という人間の（あるいは超人間の）基準にまで引き下ろすことができる。ヴァレリーのエウパリノス対談に出て来るソクラテスは、このことを非常にはっきりさせていて、デミウルゴスは「カオスの限りなく不純な（……）混乱」、「恐ろしいまでの雑踏」、「途方もない無秩序」に取り組んでいて、ヴァレリーのソクラテスは「輝くばかりの糞尿」についてさえ語る。決定的なのは、デミウルゴスの仕事が強引に区別をつけ、落差を作り出していることである。このデミウルゴスの自己理解は「区別する（distinguo）」ということであって、彼が従う命令は、「区別を設けよ」なのである。「彼は似たものの敵、同一のものの敵であって、背後に隠れている同一のものを暴き出して、われわれを喜ばせる。彼は不平等を作り出した」。

ソクラテス／ヴァレリーの言わんとするのは、デミウルゴスの仕事が未完成であって、「神が立ち止まったところ」まさにその場所で天才には技術的な「リターンマッチ」をする権限が与えられるという点である。[75]人間の作り上げる技術は、デミウルゴスの機能を引き継いで、これに変更を加え、世界の構造を改めて素材にまで引き戻すことを前提にしている。カオスから作られたデミウルゴスの秩序は、やがては技術（techne）そのものにとっては再びカオスになる。これがあってこそ世界はカオスから生まれ出たのにである。

*

十三世紀の終わり頃、ライムンドゥス・ルルスによってカオスが積極的に取り上げられるようになる。彼の『カオスの書』では、この世に自然に存在するすべてのものは、カオスの中ないしはカオスの外にあるとされる。それは自らの中にすべての普遍と範疇、そして「原因のすべての苗床(omunia seminalia causalis)」を含んでいて、カオスからすべては「さまざまな変化によって(per diversas transmutationes)」生じることができると言う。(76) ニコラウス・クザーヌスは後にライムンドゥス・ルルスの多くの文章を抜粋して、カオスのこの規定をさまざまな可能性の総体として極めて明確に浮き彫りにしていて、『知ある無知について(De Docta Ignorantia)』での彼の宇宙論的な思弁は、『カオスの書』の痕跡をはっきり残していて、「私たちの同国のある人が、カオスは世界に先行し、万物の潜在力たる存在であったのは自明の事柄であると言っていた」(77) と言う。ここから錬金術まではあと一歩である。パリのクリストフェレスの『エルシダリウス』では、カオスは自然の芸術作品の役割を演じていて、「可能態にある(in potenntia)」ものも「混乱した塊(massa confuss)」としてあるものも、稀少価値をもつ貴重な実態を隠しもっているとされる。

エティンガーの神知学も、キリスト教的に組み変えられてはいるものの、違ったものではない。そこでは天地創造の過程が(一)命名、(二)カオス、(三)造形、(四)完成の四つに区別される。その際に決定的なのは、神が命名の後に命名されたものをカオスの中に隔離するという思弁、つまり神は存在するものすべてをまず「活動力において混沌とした」変則的なもの中で作り上げるという思弁である。

聖書はこれを闇の創造として伝えている。神の光の透明性と浸透性が自発的に「区別する形態」にはならないのである。そのためには、「繊細な、実体的な胚芽」の「混沌とした分解可能性」[78]が必要であって、その総体がカオスと呼ばれる。しかしこのことは、すべての個体がカオスに「積極的に関与する」ことを意味する。カオスはまず何よりも選別と区別を強要するものだからである。天地創造の六日間は、神がカオスの中に区別を作り出す仕事のための期間である。

4　カオスへの空想の旅

「システムにとって肝要だと思われるのは、システムが自分自身を完全には理解しないことだ」。

——ゲーテ

ヘルマン・ロッツェは世界の可能性の総体としてのカオスという構想を古代の原子論の無意味な「慣用句」としてしか見ていなかった。限りなく混ざり合って動き回っている限りなく可能なものからは、幾ら考えても、積極的な現実化の根拠、現実の世界へ進んで行くことはできないとしてである。現実とは選別であり、選別とはそれ自体としては可能な多くのものの排除なのである。

それゆえ、われわれがかつてカオスと名づけていた、あの不確定性の深淵というのは、およそありえない考

えである。(79)

しかし、実行が不可能だとして、そのことからカオス構想を無意味だとするのは、思考がこれまで「原始の」混乱に突き当たったところでいつも秩序の支配を証明することに成功する場合にのみ、納得の行くものであろうし、それゆえ有限の悟性にとって再建しえない変則的なものをより高い秩序の意味深い手段としてはっきり示すことが課題なのであろう。これはもちろん、近代の神義論の課題なのであって、それは遠近法的移動によって世界の災厄を取り除くことなのである。

プラトンの『ティマイオス』に対するアリストテレスの批判がここで重要な意味をもってくる。というのも、プラトンは世界の成立を、あらかじめあった無秩序に動くもの（kinoumenon ataktos）が神によって秩序へ転換されたものと書いているからである。しかしそうすると、カオスは根源的な、自然なものなのだが、これに反して、秩序の導入は——これがアリストテレスの批判の決定的な点なのだが——不自然で、反自然的なものになる。それゆえアリストテレスはカオスを非難しているのであって、ライプニッツはこれを引き継ぐ。

「神義論」にとっては、すべてのカオス的なものは遠近法上の仮象である。神は秩序以外のものは何一つ作らないからである。それゆえ変則的なもの、異常なものは、有限の下位秩序との関連においてしか存在しえない。存在するすべてのものは、万象の秩序に従っていて、それゆえ事物の内部にはカオスもない。ライプニッツにとって、すべての物体が無限に分割でき、分解できるということは、その物体全体の有機的な前成（Präformation）、つまりその精子の中に神があらかじめ書き込んであるものを反映している。前成はそれゆえカオスに対する攻撃的な反対概念である。

この独断的な考えの基本構造にはこれ以上に立ち入らないが、神義論の思弁はしかし外見上のカオス（有限の理性の地平での）と宇宙の秩序の関係の解釈において初めてその論拠の上で興味深いものになる。というのも、ライプニッツにとって問題なのは、感覚錯誤ではなく、人間にとって変則的、カオス的と思われるものをより高い秩序構造の創造の手段としてはっきりさせることなのである。つまり、秩序の全体は、秩序として成り立つために、変則的な部分を受け入れるのである。それゆえ部分の無秩序は妨害要素ではなく、全体として見れば、秩序の構成要素なのである。しかしこのことは逆に、純粋な一貫性をもつ秩序の構造はそれ自体が不規則性に逆戻りすることもあることを意味している。というのも、それは調和の規則に抵触するからである。(80)

孤立した不協和音は耳をつんざくように響く。しかしそれが協和音に包まれると、ハーモニーを高める。美学的に取り入れられた不協和音をそれでもカオスと感じる者は全体の構造を聞き取ることはできない。神は芸術家であって、有限の秩序の欠如を世界という建物の飾りにしているのである。ライプニッツはこのことを遠近法的効果と解釈している。つまり特定の事物を目で見るのは、正しい視点で、鏡の中で、ないしはフィルターを通して、それに狙いをつけるときだけなのである。

外見上変則的なもの、カオス的な個々のものを、遠近法的転位によって、それがより高い秩序構造へ組み込まれるまで加工するというこの原理は、後にヴァルター・ベンヤミンが体系にまで高め、歴史に応用することになる。世界の災厄の体系的な除去はそこでは歴史の復元（Apokatastasis）を意味し、ライプニッツのいう意味で考えられている。つまり、あらゆる否定が不滅の生命あるものの輪郭を描くのである。方法論上、これに対応するのは、弁証法的対比を用いる危機のテクニックである。ベンヤミンは自分の対象において肯定的なものと否定的なものを区別するが、それは「否定的な部分に新たに区分を適用して、視点をずらすことで（尺度をずらすのではない！）否定的なものの中にも新たに肯定的なものや以前に示されたものとは違ったものが表に現れるようにし、それが無限に続くようにする[81]」ためだけでのことである。

無限の非連続性のこのような形而上学は、理念上の数の組立てと現象上の連続であるカオスとの関係を打ち立てるという問題の前に立つ。ライプニッツは再三、連続性の構成の迷路について語る。非連続な無数の点という彼の原則からは、連続がモナドから構成されるということが出て来ない。つまり多数のモナドは非連続の量なのである。しかし現象的には連続しているという印象があって、このことは、どう見てもすべての事物を「全体的相互浸透（universelle Kompenetration）」（ローランド）させるという神のデザインの効果なのである。それゆえ現実の世界がライプニッツにとって一つのコスモスであるのは、事物が複合可能性と全体的相互依存によって秩序立てられているからである。「したがって、宇宙には、手の加えられていないもの、不毛なもの、無駄なものは何もない。カオスも無秩序もない。あるのは仮象にすぎない[82]」。

ライプニッツがカオスを有限の理性の仮象と説明しているのは、カオスを無意味なものとして片づけていることを意味しない。彼はむしろカオスの「経験的幾何学」でもってカオスの表向きの混迷をより高い秩序のお忍びの姿であることをはっきりさせようとする。その際ライプニッツは、砕かれた骨とか肉片とか折り取られた木の枝のような、一見不規則でカオス的と見えるもの、損なわれた醜いものから出発して、数学における不規則性との類似性を利用する。ライプニッツにとっては、カオス的な現象は、見かけ上偶然に並べられた数字が最後にはつねに均整のとれた数列であることが実証されるように、あるいは無数の点を手当たり次第に結んだ一本の線が最後には一つの方程式から導かれうるように、秩序の原形にもたらされうるものである。

そしてたとえば、その輪郭を一本の幾何学的な線で描けるような顔はなく、また規則的な運動による軌跡でその全体を表せるような顔もない(83)。

こうした思考のゆえにライプニッツは後に自然のフラクタル幾何学の先駆者との名声をうることになる。実際、スケールの不変性というフラクタル幾何学の鍵概念はライプニッツの単子論で説明することができる。というのも、ライプニッツは生きた肉体を自然機械と解釈しているのだが、この自然機械の方もあらゆる部分が自然機械からできていて、つまりは有機的な肉体は自然の自動装置、それもどこまで行っても自動装置からできているものなのである。それゆえ——そしてこれこそがスケールの不変性なのだが——それぞれの部分がすべて、全体と同様に複雑に絡み合って組織されている。ライプニッツはその著書『ユークリッドの前提』で書いている、「彼は直線のためのさまざまな定義を用い、直線は曲線であって、そのそれぞれの部分がすべて全体と似ていて、直線のみがこうした性質をもっているのだと言う。この主張は今日証明されている。後にライプニッツは平面についてもより限定された自己相似性という特性について書いている(84)。」

マンデルブローがライプニッツに熱中していることは、容易に理解できる。マンデルブローのカオス理論——「カオスを分割する」道具としてのフラクタル幾何学——は、神義論の課題を引き受けているのである。その際、彼は経験的な例や幾何学的な思弁を用いているだけでなく、ライプニッツの独特の近代性を形成している神義論の問題を組み替えて符号化もしている。というのも、有限の理性の狭い視覚ではカオスしか見ていないところでも、高みから神の眼差しが秩序を見ているということは、神義論の論拠の第一歩にすぎないからである。それより重要なことは、ライプニッツがすでに彼の経験的な例や数学との類似性を持ち出すことで、内在的価値評価と超越的価値評価の違いを明白な構造と潜在的な構造に置き換えていることである。この新しい差異の図式は後にイデオロギー批判と精神分析によって方法的に練り上げられることになる。もしカオスの秩序とか、悪が一杯に詰まった最上の世界とかという神義論のパラドックスをこのような仕方で解決するとすれば、壮大な解釈可能性が開かれることになる。つまり、カオスが最もひどいところ、世界が最も混乱しているところ、意識が最も混迷しているところ、夢が最も突拍子もないところで、われわれは真理に最も近いということになるからである。

世界の無秩序は外見だけのことであって、無秩序が最もはなはだしいと思えるところに、真の秩序がはるかに素晴らしくあるのだが、われわれには隠されているだけなのである。(86)

一七五五年、ニュートンの原理に従って世界の成立の機械的な推論を試みる「一般自然史と天体の理論」が出版されている。これは批判哲学以前の著作の一つなのだが、これを読んだカントは空想の翼をはばたかせ、そこに後に批判というメドゥーサの頭を突き付けることになる。今日ではコンピューターに任せていることを、カントはここで想像力豊かな思考実験として引き受ける。つまり世界の成立のシミュレーションを行うのである。カントは古代の原子論と元素の一般的拡散というその構想を取り上げ、「完全なカオス」を出発時の状態と考える。カントはシミュレーションのシナリオに一般的な運動法則と引力、斥力、つまりニュートン物理学だけを持ち込み、「自然の秩序の予期しない展開」を見て喜んでいる。(87)

カントは再三、形をとっている世界の境界を踏み越えて、形のないものへの空想の旅を試みることがカオスの研究者に許されているとして、このことに感じる知的な喜びを強調している。カントは後に有限の理性に対して超感性的な世界に溺れることを禁じるのだが、ここでは自分の想像力に「カオスの領域に溺れること」や「無限性の地図を描くこと」といった楽しみを許している。(88)

無に続いてやって来るカオスは、秩序としての創造に直接接している形のない自然である。決定的なことは、カントがこの秩序を作る創造を進化と考えていることである。そう考えることで、創造者である神とは何かとの問いに自然の歴史でもって答えることができるようになる。神の証明はカオスからの秩序の創発的進化という僥倖に収斂する。

> 自然はカオスの中においても規則的かつ整然としかふるまえないということ、まさにこのゆえに一人の神が存在することを示している。(89)

事実、カントは「カオスの形成」を物質の自己形成として描いている。始元の状態のエントロピーは境界設定という形而上学的瞬間にすぎない。というのも、無秩序なものの諸要素の中には差別があるからである。ただそのゆえにのみ、ニュートンの物理学に従った秩序の創発的進化は可能なのである。

しかし物質の自己形成と並んで、エントロピー的出発時の状態への逆戻り、つまり無常と頽落もまた世界秩序の自然史に属する。世界の自然史はそれゆえ次第に大きな秩序へと歩んで行くだけでなく、破壊の痕跡をも後に残す。このことはしかし、世界の秩序がエントロピーによって二重に、つまりまだ形をとっていないものと、もはや形をとっていないものによって、脅かされていることを意味しない。

形をとった世界はそれゆえ破壊された自然の廃墟の間にあって、まだ形をとっていない自然のカオスのただ中に限定されている。(90)

自然史とは、世界という建物をカオスと秩序の永遠の争いについて、無差別なものの中でのシステムの形成と衰弱について物語るこうした理論なのである。

物質は――一種の創造の継承といった形で――システムと秩序を無限の空間に押し出していて、その自己形成過程は予測できない。それゆえカントは――古代の宇宙と世界調和からはるかに離れたところで――最大限の秩序と体系的結びつきを最大限のエントロピーの脅威と不安定性と一緒にして考える。しかしカントの気分は崇高なものであって、そこに不安はない。衰弱して行くシステムの廃墟は恐ろしいものではない。自然が不死鳥のように次々と新しい秩序を作り出してくるからである。そしてまだ形をとっていない世界空間の夜であるカオスも、可能性をまだ含むものの総体、神の形作りのレパートリー、「未来の世界の種」の粗削りの器、新しい「自然の登場」の舞台と考えれば、恐ろしいものではない。というのも、このことは、創造行為を秩序とカオスと秩序の継承へ自然史的に解体したことの決定的な帰結なのだからである。つまり「創造は決して完結することはない[91]」のである。

しかし創造はまた合計してゼロの営みではない。創造の継承は無常さから来るシステムの破局によって中断されることはあっても、周期的に出発時の状態に逆戻りすることはない。カントはそれゆえ無限の空間のカオスとの戦いの中で秩序の進歩というものがあると考える。いわば、それぞればらばらの秩序の間の関係が濃密になるのである。創造の継承は「世界とシステムの前進する関係」であって、そこではすべてが「組織的に互いに関連して」組み立てられている。ライプニッツが有機体を機械でできた機械と考えたように、カントは宇宙を「さまざまな世界からできた世界」と考えている。つまりどこもよく似ているのである。すべては原則的に数で計算できるのだが、人間の脳では計算し尽くすことはできない。「真に測り知れないものの深淵」は、現代の超高速の「ナンバー・クランチャー」(計算専用コンピューター)が「数学の助け[92]」を最大限に利用して、単純な方程式を何百万回も反復することで世界成立のカントのシミュレーションを現実化しうるときに初めて閉じることになる。

*

「理性の他者」についての一読に値する書物において——これは著者が精神分析にこだわってカントのオデュッセウスの旅を強迫神経症患者の内面への探検と解釈していて、これがなければはるかに有益なものなのだろうが——次のように現代の理性の重要なキーワードが挙げられている。

秩序とカオスのこの境界設定は、カントの哲学の原境界設定とみなすことができる。カントの生涯を通じてカント哲学は、いわば批判以前の哲学と批判哲学の統一を形成するあの識別の視点を規定していることになる。カオスと秩序はカントの自然概念の基本構造であって、これがカオス的な多彩さを知覚の中で変形することで合法的な秩序を目指しているのである。そしてカオスと秩序は道徳的な自己体質の基本動機になっていて、これは境界線を引くことと実際上他を除外することを通じて、感性的衝動と願望の混乱というカオスから倫理的理性を形成する歴史であると理解される。(93)

実際、カオスと秩序という二つ一組のコードは世界の自然史に当てはまるだけではなく、またこの世界の中の人間の立場にも当てはまる。この世界はわれわれに直接しつこく迫って来るカオス的な知覚の中にある。カントは感覚の「押し合いへし合いのごったがえし」ということを述べている。世界はさまざまな印象、感覚の万華鏡のような変転の中で体験される。これは逆の言い方もできて、体験という概念は、カテゴリーの格子に当てはめて位置を定めることがまだできていないカオス的な世界知覚なのである。新カント主義はやがてこの要素を先鋭化することになり、リッケルトの『哲学の一般的基礎』では「完全に非体系的に考えられた世界は、学問的な人間にとっては不均質な連続体であって、理論的にはどうしようもなく、一般的に言うとすれば、これはカオスである(94)」とされる。

新カント派のこうした先鋭化にも、それなりに問題を明確にするという長所があるのだろうが、まもなくして、「所与のもののカオス」と言う場合、問題なのは、世界の直接的な顔ではなく、哲学者たちの混乱した脳髄が紡ぎ出したものではないか、との疑念を呼び起こすことになる。その際、この疑念の表明がイデオロギー批判的（市民的名目論）であろうと、精神分析的（神経強迫症）であろうと、宗教社会学的（プロテスタント的世界不信）であろうと、それはさして重要ではない。新カント派のリゴリズム（厳格主義）を背景にすると、実際には、あたかも純粋理性の批判がヒュームの自然（感情の雑踏としての世界）の征服に仕えるかのような、そして実践理性の批判がホッブズの人間（衝動の赴くままのカオスとしての狼人間）の馴致に仕えるかのような様相を見せる。それゆえたとえばマックス・シェーラーは、カントを極端に単純化して、近代の「世界に対する敵対」の告知者として登場させる。近代のこの世界への敵意は――不安から――すべての所与のものをカオスとして扱っている、つまりは無理やりに自然に形を与えていると言う。こうしておいてシェーラーは、カオス／秩序というコードをとにかくまず操作できるようにする自己形成と目的論のすべての規定をそぎ落す。あの「近代世界の思考法をそんなにも強く貫いている世界憎悪(95)」を代表しているのは、カントではなく、カントの新カント派的戯画なのである。

「啓蒙の弁証法」は、批判理論家たちが思っている以上に、シェーラーのこうした単純な姿勢に近い。批判理論家たちが啓蒙に突きつけた勘定書にはカントにまで遡って詳しくつけられているからである。その論拠はよく知られているもので、啓蒙された理性には内容がなく、それゆえやがてカオスとして姿を現さざるをえない非理性的なものの単なるアンチテーゼにすぎないとし、超越論的主観は事物の実体を犠牲にして出来上がっているとして、自然は啓蒙の人間に抗する単なる抵抗の力に縮められているというものである。

迷信によって自然を恐れさせないように、自然は客観的な作用単位と形姿のすべてを無秩序な物質のベールにして表にさらけ出した。

ここで明らかになるのは、啓蒙の弁証法そのものがカオス／秩序というコードを扱っていること、つまり、啓蒙はカトリックの秩序を爆破し（それはいいのだが）、一方で解放された世界を無秩序の組織化に導いたのである（これは悪い）。したがって、批判理論は思いがけずも「ロマン主義的反動」と「カトリックの反革命[96]」の側に再び立つことになる。このことがシェーラーとの近さを説明している。もっとも批判理論が説いているのは世界への愛ではなく、非同一的なものとの和解であって、脱魔術化された世界の歪んだ顔であるカオスを、啓蒙によって追い払われた模倣（ミメーシス）によって脱魔術化しようとするのである。これは世界信頼の拒絶症的形式である。

＊

しかし啓蒙の精神は、純粋理性批判の神話に出て来るヘラクレスのような仕事の影で、「不純な」理性の思考可能性をも暗示しているのだが、これは今日になってやっとコンピューターによるカオス研究で表に出て来ることになる。ゲオルク・クリストフ・リヒテンベルクは、「雑記帳」の中で実験物理学を接続法的な思弁で繰り広げて、こう述べている。

幾何学を、特別な状態で、つまり平面上の線の状態で、始めるのは、奇妙ではないのか[97]
この疑問は、ベンワ・マンデルブローがフラクタル幾何学という概念にもたらしたあのユークリッド世界の転覆の二百年も前の先取りである。というのも、リヒテンベルクはすでに形のないものの形態学、異形で不規則な形の幾何学、あるいは彼自身の言葉によると、「枕の皺の理論[98]」を目指しているからである。

稲妻の性質についての電気物理学的な研究は、いわゆるリヒテンベルクの放電図で客観化されると、直接に自然のフラクタル幾何学へ入って行く。稲妻が分岐点をもつシステム構造をもっていることが分かるのだが、葉の落ちた木の枝分かれや大きな河の河口デルタも同じような姿になっている。これはユークリッド幾何学をもってしてはもはや理解できず、ただ確率分布としてのみ理解できるものである。そこでリヒテンベルクはカオスの幾何学を問題にする。

このことは隠喩的な飛躍による不純な理性の批判にとって重要な意味をもつことになる。それは思考の稲妻への移行なのである。リヒテンベルクにおいてすでに、初期ロマン派の天才に一般に認められているもの、つまり思考の稲妻、組合せ論、機智に富んだ工夫術の理論が見られる。彼はデカルトのcogitoをich denke（われ思う）と訳することを批判する。そこでは理由もなしにIch（自己）を実体化しているからで、稲妻について考えるように、考えるということについて考えるようわれわれに命じる。稲光りがすることと、考えが浮かぶこと――これは枝分かれする点の上を走る構造が同じ過程であって、そこでは誰が決定するかを言うことができないままに、決定が下される。考えることのこうしたフラクタルな力動性――フリードリヒ・シュレーゲルは理念を曲線だとする彼の理論でこれを再び取り上げることになるが――この力動性は、純粋理性批判のあのカントの構造の盲点なのである。

ゲッチンゲンのリヒテンベルクの雑記帳のこのフラクタル思考をケーニヒスベルクのカントの体系の影から引き出したのは、二人のこれもゲッチンゲンの学者の功績である。一九八八年、フリードリヒ・クラマーは彼のアカデミーの同僚をカオス研究のパイオニアと認めている。その六年前にもすでにアルブレヒト・シェーネはリヒテンベルクの仮定の接続法を自然科学的事実の彼方での啓蒙の言語的ゾンデと分析している。カントは有限の理性が知性によってのみ把握できる世界に溺れないようにと、批判のメドゥーサの頭を持ち出したのだが、これに対し、リヒテンベルクは開かれたもの、ディフェンスを固めていないものに入って行くことのできる「思弁の接続法(99)」を用いる。その際に再三立ち返って来て、やがて方法的に用いられるようになる観察法は、ある種の実験の指示がとかく変更される出発時の数値に極度に敏感に反応する形のものである。これは今日、バタフライ効果として知られているもので、コンピューターによって容易にシミュレーションできるものである。しかしリヒテンベルクはすでに偏差を真理そのものの次元として捉えねばならないという認識に突き進んでいる。それゆえ彼のフラクタル思考にとっては、神、自由、不死は問題ではなく、問題なのは、彼があるときまた理念の世界の「カオス級」と記しているあの「小さな繊毛のような理念(100)」である。

5　混乱の権利

われわれの国は静かなカオスから荒々しく動くカオスへ移行して来た。天地創造はそれに由来しうるし、そうでなければならない。

――ミラボー（一七八七）

フリードリヒ・シュレーゲルはカオスを神話的基本概念であるとし、カオスをエロスと並べて楕円の焦点と考えていて、この楕円はそれ以来ロマン派的と呼ばれている。しかもカオスは自然そのものではなく、自然が消滅すると空想したときに初めて現れるもの、無限の豊饒が熱狂的に開かれることなのである。その際に決定的なのは、ロマン派の想像力を総合したものがカオスに向い合っているのではなく、カオスの中でカオスを操作しながらこれをシリーズ化していることである。カオスが自己組織化の原動力として働いているとも言える。マンフレート・フランクはロマン派の時間意識についての優れた研究で、無限の豊饒の考えられる多彩さへの変形をカオスの「いわば分子の単位の有限の列への」変身と規定している。[101] あらゆる総合から選り分けられないものではなく、こうした分子化されシリーズ化されたカオスのみが、やがてそれ自体として表現できない全体の漸進的なシンボルになりうる。

シュレーゲルは、とくに詩との関連においてだが、再三、ロマン主義的なものをカオス的なものと特徴づけているが、これはつねに「狭い意味で」、つまり「カオス的ではあるが、その内部では組織立っている」、つまり「シンメトリーをもったカオス的な」という意味で考えられている。(102) 整えられた混乱というこうしたロマン派的構想は無限なものに至るまでの古代の絨毯様の織物にたとえられる。このように組織立ったカオスというのは、ヘシオドスの『神統記』の大きく開いた口やオヴィディウスの出発時点の絶対的ごちゃまぜとは時代の違いもあって異なってはいるものの、それでもこのカオスは神話的基本概念としてロマン派の楕円の焦点の一つになっている。ノヴァーリスはこの関連を世界の年齢への思弁にまで広げた歴史哲学的図式で次のように描いている。

抽象以前にはすべては一つのものである――しかしこの一つのものはカオスのようなものである。抽象以後に再びすべては統一される――しかしこの統一は自立し自己規定された存在の自由な同盟である――ひと塊りのものが社会になって――カオスは多彩な世界に変身した。(103)

この図式について説明するのは容易なことで、(一) 抽象が行われる前には、選り分けられていないものの単調さが支配していて、これはカオスという神話的基本概念に包まれている、(二) 抽象は干乾びた悟性概念の体系であって、それゆえすべての被造物が数と形に暗号化されている時代、疎外と色盲と分裂の時代、つまり現代を意味する、(三) 抽象が行われるようになって以後、つまり啓蒙された世界にロマン主義的な魔法がかけられた後は、再び統一がもたらされるようになるが、これは選り分けられていないものの中においてではなく、自律的な主体の結合という創発的進化(エメルゲンツ)としてである。カオスはそこでは排除されるのではなく、生の可能性の豊饒に変身している。

こうした視点からすると、カオスは原則的に「自由な同盟」の前進的シンボルと解釈できる。未来の完成した天地創造に「似ている」のである。ノヴァーリスが考えているのは、世界の年齢が連続するという図式からカオスの自己形成のための公式を取り出すことなのである。

未来の世界ではすべてがかつての世界におけるようになっていて――しかもすべてがまったく違ったものである。未来の世界は理性的なカオス――自分自身を貫通するカオスである。(104)

ヴァルター・ベンヤミンは、この自己貫通性が「反省と特性の統一」を作り出していることを見事に説明しているが、ロマン派の絶対者は媒介者であり、この媒介者は形態の連続体であり、カオスを通じて象徴化され、知覚可能になるのである。ロマン派の言う「前進的な総合文芸」は、カオスという「舞台」での絶対的媒介の「前進するにつれてより精密な（秩序を打ち立てる）統治」のプロジェクトであるとも言うことができる。(105)

このロマン派のカオスは理性的であると言うことができる。自分自身を貫通し、自分自身の中で組織化されているからである。このことはカオスの前進の決定的な一歩であって、カオスは創発的進化（エメルゲンツ）のごちゃまぜ状態を不毛のエントロピー的混乱から切り離してくれる名誉ある名前になる。「一つの世界を生み出すことのできるそうした混乱のみがカオス」(106)だからである。無からの創造の有り様にここでは特徴的な修正が加えられる。シュレーゲルはカオスを単なる「分析的」概念としての無、つまり否定的なものの世界としての無、の「実体的」概念と捉える。そのかぎりで、「カオスと無の関係は世界とカオスの関係に等しい」という方程式が出来上がる。外見上単に否定的と見えるものが体系を形成し、一つの世界の――滑稽な混乱として――根源領域になる。「大騒ぎの秩序（order from noise）」であって、「カオスほど特異なものはない」のである。

$$\frac{\text{世界}}{\text{カオス}} = \frac{\text{カオス}}{\text{無}}$$

この方程式は、歴史哲学的に解くと、その優れた意味がはっきりする。それは事実上の近代と近代世界のユートピア像を区別することで可能になる。近代のカオスには二つの斜面がある。虚無性へ向かう受動的な斜面と、新しい世界へ向かう能動的な斜面である。ロマン派にとっては近代のカオスを新しい世界の根源領域と捉えることが問題であって、「これまでの近代的なものはすべて、おそらくは近代世界の噴出点（punctum saliens）であるカオスにすぎない」(107)のである。噴出が起こるためには、受動的なカオス、つまりわれわれの近代は、自らを貫通して能動的にならねばならない。これが革命のロマン主義的概念である。静かなカオスから荒々しく動くカオスへの移行についてのミラボーの観察もこれと違ったものではない。

ロマン主義的に自己自身を貫通し、自己自身の中で組織化され、それゆえ理性的とされるカオスは、カオスとして考えられる概念の一貫性と矛盾した関係に立つ。ロマン派は周知のように矛盾した関係を扱うときにはイロニーをもってし、プラスとマイナス、システムとカオス、概念と混乱した多彩さの間の変転交代を組織化する。イロニーは反復と研磨によって洗練された自己関連性を作り上げる。これは体系的に考えると同時に非体系的にも考えるというロマン派の要請の矛盾を取り除くものであって、それは対立的な総合、「限りなく」自らの中で「二重に折り重ねられる」思考、体系的な組合せ論、カオスとシステムとカオスの間の絶えざる規則的な交代である。「イロニーとは無限に満ち溢れているカオスの永遠の活動性の明確な意識[108]」なのである。ロマン派の考えるカオスが満ち溢れているのは、機智の組合せによって体系的に作り出されたものだからである。この豊饒の無限性は徹底的なものなのだが、それも自己浸透によるものだからである。ロマン派の詩人たちは、体系的に作り出されたカオスの極度の無限性を、体系の中で考えられた存在するものの固定した有限性に対して、その補完的現象、つまり選り分けられていないもののエントロピー的混乱に対してのように、攻撃的に突きつける。

それゆえ思考が真の他面性を獲得するのは、世界を包括する体系の構造によってではなく、「外にあるカオスに対する感覚」によってであって、これでもって思考はイロニーに規制されるカオスとシステムの変転の中に入って行く。「カオスを理解するとはこれを承認することにある」、つまり思考は自分自身に混乱と理解不能の領域を設定するからである。しかしまさにこのことがカントの批判が行ったことであった。ロマン派の詩人たちは「カントからカオスの合唱」を聞く。それゆえ彼らにとってはカントの本来の業績は純粋悟性の体系的構造にあるのではなく、理解できないものの構造にこそある。「それは初めての哲学的な芸術カオス[109]」なのである。

こうした背景を考えてのみ、「哲学の修業時代」という有名な言葉で批判の精神を特徴づけたシュレーゲルの意図が十全に理解できる。つまりこの言葉は、ゲーテの『ヴィルヘルム・マイスター』の教養図式だけでなく、カントの批判計画をもイロニーを含んだ謙虚さで提示しているのである。それゆえそこで問題なのは、挫折したプロジェクトの自己批判ではなく、ロマン主義的思考の自信溢れる特性であって、シュレーゲルは計画中の主著の序言の草稿でこれを要約して、「それゆえここにあるのは結果ではなく修業時代のみ、体系ではなく体系の成立史のみ、混乱した個々のもののみ」[110]と言う。修業時代は、イロニーに規制されたカオスとシステムの交代、「満ち溢れた」カオスの方法的に組み合わされた製作物、つまり機智で組合せた製作物の人生における媒体にほかならず、ここからやがて世界が生まれて来るのである。

方法的に作り出された溢れるカオスは「永遠の流動性」をもつものであるゆえに、これを表現するには特別の技術が要る。ロマン派においてイロニーと機智が格別に重要視されるのはこのゆえである。「機智はカオスの総合」[111]なのである。大切なのは、電光石火の早さで取り出して、即座に構成すること——つまりあのカオス的な個々のものの「パターーン」の創発的進化（エメルゲンツ）である。初期ロマン派の綱領ともなった小説には次のように述べられている。

あの個々のものの特異性は、あたかもそれが自分だけでそこにあるかのように、自由に力強く発展して来て、姿を現わしていた。しかしそれにもかかわらず、多彩極まる事物の豊かで大胆な混淆は全体としてはごちゃまぜのものではなかった。[112]

このことはとくにロマン派のいつ果てるともない会話、サロンの談話、彼らのプロジェクトの溢れるばかりの思考の組合せにも当てはまる。つまり社交は機智の社会的形式なのである。しかも社交と社会の関係は——ロマン派的に言えば——機智とカオスの関係なのである。それゆえ社会の混乱から新しい世界が生まれ出るためには、それは自らの中の機智を総合することによって組織化されねばならない。

「社会は、機智によってのみ作り出され、調和にもたらさるべきカオス」なのである。[112] こうした考えは、日常生活の「卑俗さ」が仮象であることを暴き出しているところにその巧緻さがある。仮象が「混乱」を覆い隠しているとして、ロマン派の詩人はこれを目的論的に「人間にとって刺激を与えてくれるカオス」[114]と解釈することになる。

もちろん、社会的カオスをこのように機智に富んで解釈することとは、詩の舞台においてのみ行われることである。それゆえすべてのこれまでの規定は初期ロマン派の詩学の中心で繰り返される。シュレーゲルやノヴァーリスに特徴的なアルゴリズム的な詩法においては、モデル・ロマーンであり『マイスター』を越えるロマーン『ルツィンデ』は、「詩化され、無限に約分され、無限に累乗された絶対的カオス」[115]であると言われる。ここに数学の術語が使われているところには、自己貫徹と組合せ、集約的無限性と自己の中での組織化の決定的な特徴が示されている。

「興味深いもの」とは、ロマン派が特殊な美的カオスにつけた名前である。そこでは再三、詩（ポエジー）の根源が繰り返されている。つまり、ロマン派が言うカオスから生まれ出る世界こそがロマーンなのである。詩は詩の根源を自らの中で繰り返すというまさにその限りで詩の詩なのである。近代のロマーンの形成過程はカオスから記号へのカオスの創発的進化である——それゆえこのいわゆる「前進的総合文芸」は潜在的にあどけない子供の接吻から絶対的な理念に至るまであらゆる記号表現を包括する。その結果、シュレーゲルはロマーンの形式を「芸術的な形を取ったカオス」と特徴づけ、「ロマーンにおける本質的なものはカオス的形式である」と言う。[116]

カオスの総合の連続形式として、ロマン派のロマーンは初めての純粋な美的神義論のメディアになる。

一八〇〇年頃の精神が証明されるのは、あらゆる偶然を無限のロマーンの手がかりにして形をつける能力においてである。始まり、手がかり、機会、手段、弾力点、誘因――これらは「機会（occasio）」に対するロマン派の訳語である。カール・シュミットは、ロマン派の詩人たちの世界の偶然性を受け流す技術が技巧のシステムとしての機会主義になっていることを指摘している。これは近代のフェティシズムであって、予測のつかないものが刺激になり、偶然が世界の器官になる。そしてこの偶然を「形にする」ことのできる者のみが、逆にカオスを秩序にもたらす権利をもつことになる。これが有名なロマン派の「混乱の権利」である。この「刺激を与える混乱のもつ権利」は、「われわれが秩序と呼んでいるもの」を打ち壊す免許を詩に与える。というのも、すべての既知の秩序は、ロマン派の詩人たちには系統全体の形式の「耐え難い統一と単調さ」だからである。これに反して、ロマーンの形式は、「崇高な調和と興味深い喜びのこの上なく美しいカオス」を目指すのである。魔法の杖に触れるとその姿が変わるように、空想の文字が「あたりに満ち溢れる自然の崇高なカオス」に触れると、ロマーンの世界が生まれ出る。

魔法の杖である文字は記号表示体ではなく、「無限の言葉」の超越的記号内容を目指す。目の前にある混乱はロマン派的なものであり、日常の「雑多なもの」が妙なるものであるのは、数と形姿に暗号化された世界秩序の背後に「印のついていない場所」があるからではなく、（たとえ未完成でも）神の手になる宇宙、（たとえ見放されているとしても）神、（たとえその遊び方がまだわからないにしても）美しい遊びの世界があるというまさにそのゆえなのである。それゆえロマン派の言う混乱に対して詩に与えられた免許状でもってする超然たる空想は、カントの批判哲学の分析的悟性に決別する。超越的主体の居場所には、あの超越的記号内容が入れ替わって座ることになる。それゆえロマン派の詩人たちはカオスを恐れない。このことは結局、世界を恐れないことでもある。世界はなるほど最上のものではないが、考えられるかぎりで最も美しいものである。世界には悪は存在せず、死も錯覚にすぎない。そこでは純粋理性批判の禍いを防ぐ行事は無駄なものになる。それゆえ、モデル・ロマーンである『ルツィンデ』の冒頭には「私は概念を区分したり分解したりする気にはとくにならなかった。しかし私は好んであらゆる混ざりあった物や絡み合った物の中に深く没頭した」と述べられている。[117]

それでも、ロマン派の詩人たちがことさらに混乱への権利を宣言しなければならないのは何故かという問いが残る。どうやらロマン主義化は、有限の理性の日常的な機能様態から手に入れねばならない技術らしい。ルートヴィヒ・ティークはその著書『ウィリアム・ローヴェル』でカントの先験主義を先鋭化してこれを試みていて、人間は自分の先験的な悟性概念の牢獄に閉じ込められていて、外部世界へ一歩踏み出すたびにただ「自分自身に向かって」歩み寄るだけで、「私の外の」見せかけのものは、本来ただ「私の中に」存在するだけなのだと言う。というのも、「荒れ果ててカオス的に」そこに広がっている世界を私の内部の感覚がすでに秩序の鏡の中に映し出しているのだからである。

人間の思考は秩序の思考であり、カテゴリーの一覧表には、「魔法の杖」のような、世界の「敵対的要素」を一撃で調和させる機能が備わっている。秩序思考はいわば投光機であって、人間はそれで自然の「暗黒の夜」を照らす。無秩序などというものは、有限の悟性が「その本性上、カオスを認めることができない」ゆえに、想像できないままなのである。したがってロマン派の自我は唯一の自然法則であって、世界を命名する神の恣意や世界を享楽する神の自由への権限を自らに与える。というのも、揺れ動くさまざまな形姿は、考えることはできないにしても、楽しまねばならないからである。それゆえロマン派の主体は、主権を手にした絶頂期には何か享楽的なものになる。あらゆる思考は秩序の牢獄の中の石としか見えず、享楽によってしか世界の豊饒を感じ取れないからである。ウィリアム・ローヴェルに宛てたある女性からの手紙にこのことが次のように書かれている。

「事物が私の外にあるなら、あるに任せましょう。ごちゃまぜの雑多なものが私の側を通り過ぎて行くので、私はそれに手を突っ込み、機会を逃さずに、気に入ったものを取り込みます（……）乱雑で荒々しく、だからこそ楽しいカオス歓迎！――私が秩序ある世界の中をただ奴隷としてのみうろつき歩いているときに、あなたは私を大きくて自由な者にしてくださいます」(118)。

＊

一八〇二年のシェリングの芸術哲学講義では、カオスと形式についてのあの天才的な初期ロマン派の思弁に終止符が打たれている。彼は宇宙の「二重の意図」を提示する。（一）カオスとしての意図、つまり絶対的な同一性の中でのすべてのものの崇高な直観の中にあるもの、（二）最高の形式としての意図、このカオスが「形式の絶対性」からの創発的進化にほかならないから。というのも、それぞれの特別の形式は形式の全体的継続の省略形だからである。カオスは崇高なものである。絶対的に無形式なものとして無限なるもののシンボルになりうるからである。絶対的に無形式なものは、有限なるものの中に表現されるはずの無限なるもののための絶対的形式である。それゆえ自然のカオスは人間の感覚と人間の悟性に「実際の絶対的形式」と同じ効果をもって働きかける。「無形式＝絶対的形式」というこの方程式でもって、シェリングは初期ロマン派のカオス思弁を再び崇高なものの分析論のコンテクストに連れ戻す。有限の理性にとってはカオスは絶対者への門戸になる。

すべてのものが一つになり、一つのものがすべてになる絶対者の内的本質は、本来的なカオスそのものである（……）絶対者の中のあのカオスは、形式の単なる否定ではなく、最高の絶対的形式の中の無形式であり、逆に言えば、無形式の中の最高の絶対的形式である。(119)

それゆえ崇高なものの直観は、自然を「絶対者の中のカオス」として提示する――算術とユークリッド幾何学の彼方において。カオスの中を通り過ぎるときに、自然と芸術は有限の法則性と純粋悟性の概念の図式から解放される。しかしその際、カオスは、絶対的な形式の暗号であることが分かる。つまり「幾何学的な規則性は消えて、より高度な秩序の法則性が登場する」。ウィリアム・ローヴェルは、有限の人間悟性はカオスを考えることはできず、したがってまたより高い秩序をも考えることはできないとの洞察をもっているが、これもまたこのことを言っているのである。より高い秩序は「悟性にとっては非合理(120)」なままである。このことはやがて観念論の理性課題になる。

シェリングの芸術哲学においては、絶対者のシンボルとしてのカオスのこの概念が、カオスの神話的基本概念とどのような関係にあるかは必ずしも明確ではない。しかし次のような方程式が成立するための間接証拠はある。

この方程式の左側は「原像の」表現（理性）のレベルにあり、右側は「鏡像の」表現（空想）のレベルを表わしている。「絶対的カオス」はシェリングにとって「実在の最初の基盤」であるだけでなく、絶対者のシンボルでもあるのだが、それでも現実の絶対的形式そのものではない。そうなるためには、「絶対者と限界とのジンテーゼ」、「限界の中の絶対性」が必要である。——まさにこのことが「神々の現実」を定義する。「神々の現実」はカオスの創発的進化（エメルゲンツ）を押しのけることで成立するのである。神々が姿を現すことができるためには、怪物は「追い払われ」ねばならない。そして神話はこうした怪物を追い払う歴史を語っているもので、そこではあたかもカオスの力が自らの生み出したものそのものを飲み込んでしまうかのように見える。

$$\frac{\text{カオス}}{\text{神々}} = \frac{\text{絶対的無形式}}{\text{絶対形式}}$$

不格好で不気味な形姿の溢れる世界は、至福に満ちた永遠の神々のやさしい国が現れる前に沈んで行かねばならない。[121]

これはシェリングの晩期の著作においての決定的な方向転換を示すもので、実在のこの「追い払われた」最初の基盤へより深く入り込んでいる。すでに一八〇九年、人間の自由の本質についての哲学的考察において、近年の哲学には生きた根拠がないと苦情を述べている。シェリングの診断は、自然のタブー、あらゆる実在のものに対する嫌悪感、現世のものへの接触不安である。実存をその根拠から区別すると、自然をその根拠における存在と考えることになり、しかも自然の中に働くこの根拠が、単なる根拠であっても、決して本当の根拠ではないことになる。その意味するところは、なるほどつねに根拠はなければならないが、それは単に運び手、「根拠から離れることのない」基盤にすぎないということであって、こうした根拠は原因ではないのである。「根拠から離れることのない」という言い方は、自己を振り切って世界を征服するという意味での「自己を本質にする」ことに対する、つまり部分の勃起に対するシェリングのアンチテーゼなのである。

被造物について考えると、そのすべての起源に根拠がある。つまりシェリングは自然の根拠の神からの独立を想定している。そして神はこの根拠を独立させたまま働かせる。それゆえ根拠をもつ存在は神の作られた存在と区別される。こうした構造はその後、「諸事物は、神自身の中では彼自身ではないものを、つまり自分の実存の根拠を、その根拠にしている(122)」ことによって弁証法的に決定的に洗練される。神の実在の根拠は神が自らの中にもっているものだが、これは神の中では神自身ではないもの――つまりは神の中の自然なのである。自然を神から切り離すことはできないのだが、それでも神とは区別される。この根拠を諸事物もまたその根拠にしている。世界の年齢の思弁では、このことは、神の中に何かが「追い払われて」いる、つまり、過去のものにされていると考えられている。それゆえ神の中には自然なものの優位性がある。というのも、神の中で神自身でないものは、物質として排除されはするものの、それでいて神の顕現の条件になっているからである。シェリングはこの自然の根拠を「神の無意識なるもの」とも呼ぶ(123)。

天地創造はカオスを排除することで行なわれるのだが、シェリングはこの排除されたカオスが再び立ち返って来るという視点で考えていて、これは偉大な思考と言わねばならない。というのも、われわれは――ウィリアム・ローヴェルがかつて嘆いたように――この世界に「規則と秩序と形式」しか見ていないのではあるが、「それでもその根底にはつねに不規則なものが、あたかもいつかまた突発して来るかのように潜んでいて、秩序と形式も根源的なものであるとはとても思えず、当初不規則なものが秩序にもたらされたかのようである」からであり、「このことが諸事物にあって現実性の捉えがたい基盤、汲み尽くしえない残滓」だからである。(124)――アドルノならこれを測りえないものと言うであろう。

＊

「神の無意識なるもの」についての、つまり神の中の無秩序なものの排除についてのシェリングの物語は、明らかに悪魔の神学を補うものでもある。エティンガーもカオスの根源についての問いに神知学的な答えを出して、「悪魔が登場したことによって天使の最初の住まいがカオスになった」と言う。(125)天国墜落の物語は、悪魔の機能を非人間化するための、一方ではまた無害化するための、とはつまり、カオスの積極的概念によって変更を加えるための、優雅な口実を与える。

カオスは邪悪な原理ではない。カオスがなければ、世界に多彩なものはありえないだろうし、それゆえまた美しいものも素晴らしいものもありえないだろう。

これはクリスティアーン・フォン・エーレンフェルスの宇宙進化論的思弁なのだが、これを突き詰めると、「世界はそれがありうるものよりも悪くない」(126)というライプニッツと競合する神義論の定式に至り着く。

悪魔的なものがカオスにまで無害化されると、この悪魔的なものは、神の創造が始元に区別を行う際の媒介となる。そしてこれを通して秩序を作り出すロゴスの啓示メッセージが送り出されることになる。天地創造はカオスのデジタル化なのである。神は日々選別作業（昼と夜、天と地、陸と海など）を行って、聖書で言う無秩序（Tohuwabohu）、乱雑な騒音（random noise）の中に秩序を作り上げる。記号表現がなければ、無が無になるだけである。それゆえ「無からの創造（creatio ex nihilo）」とは記号表現からできた創造である。天地創造はカオスの中で命名することである。「無に始まる創造、つまり記号表現[127]」なのである。それゆえ天地創造において重要なのは、純粋な差異性の導入である。神自身が「区別を設けよ（draw a distinction!）」という命令に従う。つまりそのための手がかりは実在のものの random noise の中にはない。ロゴスは区別を記号表現の違いとして表すことができるために、自然に反するものとされる。すでにエティンガーは次のように書いている。

神は言葉のもつ知力を用いてあの六日間の仕事をこのカオスから際立たせられた。あの一日一日の仕事は、区別が終わる以前にはカオスであった[128]。

クリスティアーン・フォン・エーレンフェルスはこのシナリオを純粋な二元論的宇宙進化論に先鋭化して、神のロゴスと現実のカオスが世界における同じ権利をもつ構成要素であるとする。はっきり言えば、カオスのない神はこの世界では無力であるということになる。天地創造のプロセスは神の計画によって進行するのではなく、「カオスの側からの刺激と抵抗に対する神の反応」によってなされる。カオスはつねに神のライバルである。それゆえエーレンフェルスの神義論の定式があらゆる可能なもののうちの最上のものではなく、ありうるものよりも悪くない世界を正当化していることには十分な意味がある。というのも、神が作るすべてのものは「カオスの抵抗によって歪められている」[129]からである。しかし神の創造が歪められているというまさにこのことが神を正当化の危機に引き込むことなく、神を新しい世界構想へと誘うのである。

均衡を保たせる統一力としての神に固執すると、カオスをここまであえて持ち上げることができる。カントもすでにこうした留保をつけて破局へ向かって進んでいる宇宙を是認するまでになっていた。カントは現実のおぞましさに直面して無神論者になることが、つまりカオスとしての世界に神なしに耐えることが、いかに難しいかをはっきり見通していた。道徳的な世界の創始者を想定して安心することなく、盲目的な自然の力にさらされると、人間は「欠乏、疾病、夭折などあらゆる災厄に、地上の他の動物と同様に見舞われ（……）皆揃って広大な墓に（……）飲み込まれ、（……）物質の無目的なカオスの深淵へ投げ帰される」[130]。

しかし神が死んでいるとすると、カオスの是認とその無害化はどのような様相をとるのであろうか。

6　神なきカオス

この世界は、神の構想が存在しないなら、途方もなく騒がしい巨大な混乱として現れるであろう。

――ジェイムズ・ジョイス

ニーチェの『悦ばしき知識』の第三部は、神の死の後の新しい戦いの告知で始まる。その後、フロイトが、殺された父親はかつての生きていた父親よりも象徴的により強力になるのを示しているように、ニーチェは死せる神の影との今後数千年にわたる戦いを予見している。自然を徹底的に非神格化するというニーチェのプロジェクトは、人間の世界を暗くするこの神の影との戦いへの呼びかけなのである。つまり死せる神からの自然の救済なのである。このためにニーチェは自由な精神の行く手に慎重に考えるという原則を立てて、「われわれは要心しよう」と次の七項目を挙げる。

(一) 世界を生きた有機体と考えないこと。
(二) 世界を機械と考えないこと。
(三) われわれの宇宙にありもしない循環運動のような整然とした秩序を考えないこと。
(四) 万象を人間の美的、道徳的判断に任せないこと。
(五) 自然に法則があるなどと仮定しないこと。

（六）生と死を対立したものと考えないこと。
（七）永遠に新しいものの到来を期待しないこと。

われわれに馴染深い周囲のこの世界が秩序と見えるのは、偶然の情況が固定した仮象となっているからである。それは「例外中の例外」のおかげで生まれた例外、つまりは有機的な生の創発的進化（エメルゲンツ）なのである。

これに反して、世界の総体的性格は、永遠にカオスである。それも必然性を欠くという意味ではなく、秩序、組織、形式、美、知恵およびわれわれの美的人間性と言われるものすべてが欠けているという意味においてである。(131)

それゆえニーチェは世界のカオスを荒れ果てた混乱としてではなく、主体も法則も目的もなく起こる必然的な事柄の総体と考えている。運命愛（amor fati）は、人間と人間の考えうることの彼方の必然的なものの総体への愛である。このことは、カオスの中に秩序が隠れていることを排除するものではなく、排除されるとすれば、秩序が人間の尺度で測りうるものだということである。人間の望んでいることの彼方で必然的なものが自己遂行しているとなれば、世界の豊饒は唯一者に結びつけられない——神であろうと、超越的主体であろうと。世界の総体的性格としてのカオスは、統一と形式に回帰することのない多彩なものの創発的進化（エメルゲンツ）を意味する。そこでは世界の非人間化が、自然の非神格化が、実現する。

それゆえニーチェのカオス概念には論争的な指数があって、世界を人間化するあらゆる試みに反対するのである。ハイデガーはこの「拒否的なやり方」を死せる神の影に対するあの戦いのコンテクストに引き込んで次のように述べているが、極めて説得力をもつものである。

〈カオス〉という言葉はニーチェの慣用の語義としては、存在者の全体についてはいかなる陳述もなしえないという拒否的な考えを指している。こうして世界全体は、原理的に命名不可能な、表現不可能なもの――一つの言うべからざるもの (arreton) になる。ニーチェがここで世界全体について行っていることは、一種の〈否定神学〉であって、すべての〈相対的な〉――すなわち人間にかかわる――規定を排することによって、絶対者をできるかぎり純粋に捉えようと努める神学である。ただ、世界全体についてのニーチェの規定は、キリスト教の神のない否定神学なのである。(132)

しかしニーチェのカオス概念の論争的指数は何よりも、その学問批判の武器を取りつけるところではっきりする。「学問――これはこれまですべてを〈説明する〉仮説によって事物の完全な混乱を排除すること――つまりカオスに対する知性の嫌悪からのものであった」(133)からである。対象を概念に学問的に縛りつけるのは、本来主体の硬化である。真理とは、人間の空想衝動が一つのヒエラルヒーに硬化する瞬間、それが認識の図式として機能する瞬間につけられた名前である。学問的思考は、幾つかのそれ自体錯誤と幻影に陥っている機能関連への衝動、生の中に認められる機能関連への衝動が組織化されるときに生まれる。哲学的カテゴリーが作り上げられると、安全要求と交通手段が詩化される。

ニーチェはカテゴリーの先験的な妥当要求の中に一つの命令の声を聞き取る。それは種族にとって有効で役に立つ掟から理性が由来することを思い出させるものである。カテゴリーの先験性の前では社会的実践の後験性は消え失せる。ニーチェは、総合的な判断がいかにして先験的に可能なのかという問いのもつ魅惑を、なぜそれを信じねばならないかという反問によって打ち砕く。こうして視点を少し変えるだけで、形而上学的存在評価が自己保存の投影産物に他ならないことが暴き出される。自然の怪物に対する認識に基づく恐怖が存在する世界をでっち上げるのである。

理性の歴史はそれゆえ最高に実践的な要求の命令に従って来ていて、そこで問題なのは、ただ世界の準備をすること、つまり目の前の事物を「予測のつく扱いやすいもの」にすることだけである。われわれが真理と想定しているもの、これが「生物学的な欲求」を、簡潔に言えば生の条件を、確定してくれる。「認識するのではなく、図式化する――われわれの実際的な要求を満足させるようにできるだけカオスに規則性と形式を課す」のである。(134) しかし真理が生物学的な欲求以外のものでないなら、つまり問題が矛盾を起こさないようにという人間の生の条件であるのなら、理性は適応するのがへたな動物の「特異体質」、影響力は大きいとはいえ「特異体質」にすぎない。しかし同時に確認しておかねばならないのは、人間にはそれ以外の理性はないということであって、別の理性を求める試みはすべて、理性を「見通せないところ」へ、つまりはカオスの中に突き落とすことになる。

このように実践とカオスは密接に絡み合っている――つまり生あるもの、世界の豊饒の絶えざる殺到として、カオスをとにかく「捉えうるもの」にするために、その雑踏を図式化する生物学的要求としてである。このことは、カテゴリーによる図式化の地平形成が「カオスをカオスとして出現させる」というハイデガーの極端なテーゼに有利な材料を提供する。したがって、カオスとしての世界を捉えることはそれ自体としては、世界の根源的複雑性を還元実践でもって受け流す生の必然性の効果だと言うこともできよう。

したがって、理性そのものも、理性の本質も、カオスを制圧しようとする欲求からそのうちに発展して来るというものではなく、混沌の形で押し寄せて来るものが、そもそも何らかの秩序と持続的存立の視野の中でのみ理解されるというかぎりで、理性はそれ自身においてすでにカオスを捉えているのである。(135)

理性がカオスを捉えているとするニーチェの構想は、完全にあの当時の自然科学的宇宙進化論のコンテキストの中にある。一八九八年『宇宙の淘汰の中のカオス』と題する驚くべき書物が出版されているが、その著者フェリックス・ハウスドルフは二十年後に「非標準次元の父」――つまりマンデルブローの言う「キメラに自らの配列を任せるスケール」(136)の創始者――それゆえ今日ではフラクタル幾何学創立の英雄となっている。標題からもすでに明らかであるが、ハウスドルフは、ニーチェと同様に、人間の秩序を現実的なもののカオスの中の淘汰効果と捉え、われわれが経験的な世界と呼んでいるものは、つねにただ無法状態で選り分けられていないものの一断面にすぎないと考えて、カオスをまだ区別されていない生の萌芽の器、世界の可能性の総体という古い構想を引っぱり出し、「潜在的実存は生成のすべての断片を公平に永遠化する(137)」と言う。選り分けられていないものの中での絶えざる淘汰のゆえに、世界は

「カオスとコスモスの混乱」として現れる。これこそが自然史なのであって、「このただ一つのカオスの中に無限なまでに多くのコスモスが紡ぎ込まれている」からである。それゆえ人間の生とは、根源的複雑性を還元することによってカオスの海に秩序の島を絶えず作り上げることなのである。そして「中間で切り替えられる選択装置が意識」(138)なのである。

こうした背景を考えれば、ニーチェの神なしの神義論、美的現象としての世界の正当化の正確な意味が分かってくる。ここでは美学はギリシャ語の aisthesis から考えられていて、「生物学的な欲求」というあの理論のコンテキストの中で芸術の生理学にまで過激化される。それと同時に、ニーチェにはカオス／コスモスというアンチテーゼが入り込んでいて、古代のコスモス概念では秩序と美が一纏まりに考えられていたのに、ニーチェはこの二つを切り離す。ライプニッツの考えていたあらゆる可能な世界の中の最上のものには、カオスは存在しえなかったし、初期ロマン派のあらゆる可能な世界の中の最も美しいものにおいては、カオスは形態化への刺激と受け取られていて——この世界はもはや神の優るもののない芸術作品ではもはやなくなっていたのだが、それでも神そのものは美学の課題であった。ニーチェになって初めてカオスは神抜きに考えられ、同時に、世界の美から離れることはない。ニーチェが「実在の美しいカオス」について語るとき、そこにはコスモスに対する古代のアンチテーゼに美という彼の決定的な形状特徴の一つが与えられているというパラドックスに気づかざるをえない。

『悦ばしき知識』の第四書の「聖なる一月」はそれゆえ「運命愛（amor fati）」の美的プログラムで始まる。そこで問題になるのは、世界の詩的な美学化ではなく、主体の生理学的変化である。「事物を美しくしよう」と思う者は、現実のもののカオスを拒否することなく、これを是認しなければならない。

というのも、現実のものの中にはマイナスもなければノーもないからである。イエスと言い、アーメンと言うことが、否認を含まずにカオスを認知する行為になる。批判し非難する代わりに、美的な選択（「目をそらすこと（Wegsehen）」）が登場する。これは「事物における必然的なものを美と見ること」を教えるものである。(139)

「運命愛」のこの美的プログラムにおいても、ニーチェは身体の指導原理に従っていて、彼自身が、あの生理学的美学の意味で、実在の美しいカオスのための器官なのである。彼自身「カオスの流れの中の波となって身体的生を生きている」(140)のだからである。美とカオスと身体のこの絡み合いがニーチェの美学の核心であって、これはとっくに芸術の理論ではなくなっていて、生の刺激剤の教義であり、したがって最終的に可能な世界の正当化の舞台なのである。それゆえ「聖なる一月」の冒頭の節ではデカルトの定式「我れ思う、ゆえに我れあり」は皮肉に「生物学的な欲求」から来る課題を決めるものに読み変えられ、「なお私は生きており、なお私は考える。私はなお生きなければならない、私はなお考えねばならないのだから」とされる。

ニーチェの課題が身体の指導原理に従っているのはまさに、なお考えられねばならないということが、体系的、循環的、図式的に展開されえないことにもある。ここで問題なのは、思考に課せられたものないし哲学の問題ではなく、思考そのものの迷路のような創発的進化である――内部へ向けての美的なカオスの認知とも言えよう。以下の宇宙論的な比喩は、今日ではフラクタル思考の手引のように読むことができる。

あらゆる星が循環軌道を動いているように考える者は、最も深い思想家ではない。自己の内奥を覗き見ることあたかも巨大な宇宙を覗き込むがごとき者、そして自己の内奥に銀河を抱いている者、こういう者はまた一切の銀河がどんなに不規則なものであるかを知っている。こういう者たちは、実在のカオスと迷路の中へわれわれを導いて行く[141]。

世界を脱魔術化する合理性の軌道は循環的であり、これはポスト歴史においては冷えきった終末段階に達している。ツァラトゥストラが末人の時代として糾弾したものである。これに反して、フラクタル思考は不規則性の銀河の中にある。思考のネガティブなエントロピー、この人間の大陸からおさらばしたいという人間の憧れにニーチェがつけた名前は「舞踏する星」である。「私は君たちに言う、一つの舞踏する星を産み出すことができるためには、自分のうちになおカオスをもっていなければならない、と。私は君たちに言う、君たちは自分のうちになおカオスをもっている、と[142]」とツァラトゥストラは言う。

第二章　雑踏の中からの秩序

1　技巧的カオスモス（Caosmos）

カオスの中での新しい響きによるこの素晴らしく確実なコントロール
——カール・リンケ

「カオス——さまざまな時間とさまざまな地域／はったりをかます擬態／永劫の怒濤の流れ／無の時間へと」——ゴットフリート・ベンのこの詩はポスト歴史のエントロピー、生理学的な衰弱、文明末期の実体のない形式遊技の中にあるワイマール時代を映し出している。当然これは「空虚なメランコリー」に流れ込む。(1) 抒情的万華鏡は、破局的崩壊に向かう中での絶望的に硬直した秩序、自分の位置をまったく測りえない一つの世界、さまざまな時間の騒然と沸き立つ中の無目的な進歩を映し出している。世界をこのように見る見方はとっくに文化批判のステレオタイプになっていたのだが、それでもまだ——たとえばベンやゲオルゲの場合のように、その極端な形式意識が彼らのカオス認知の直接の機能になっているので――こうした「不透明さ」、つまりポスト歴史のエントロピーが、カオスの排除そのもののためであることは明確になっていない。世界大戦において「暴虐無人に無格好な鉛やブリキ、棒や筒が（……）荒れ狂う」こと[2]、これをゲオルゲは、啓蒙の実証主義的精神があの「妖怪まがいの奇形な力」を理解できなかったことの罰だと解釈している。この力は「生命を賦活する」力を持ちえただろうに、まさにそれゆえに西洋の理性の市場に上場されなかったのである――「それゆえ汝らは手をこまぬいて夜の中へ逆落としになってしまった[3]」のである。

二十世紀初頭のあらゆる主義の美学のプロジェクトの共通点を探ると、選り分けられていないもの、コントロールされていないものに対する形式の関係が枢要な問題として浮かび上がる。自らの中のカオスを薄々感じてこれを表明するにせよ、それをスキャンダラスに増幅するにせよ、失われた自然の暗号として解読するにせよ、あるいは創造力の無意識の源泉として称えるにせよ――きまって問題になっているのは、初期ロマン派の詩人たちが混乱の自ずと決まった領域と呼んでいたものを美的形成化の舞台に持ち出していることである。表現主義は事物と色彩の結びつきから色彩を解放し、形を渦に解体し、人間世界の周縁で実験を行う。こうした爆破行為はもちろん大都市と世界大戦の文字通り神経をずたずたに引き裂く経験から来ている。シュールリアリズムではこの「カオスに身を開くこと[4]」がシニカルに冷却された局面に移行し――騒然としたもの、コントロールされていないものの刺激がいわば美的な試行命令によって持ち出され、自動化される。サルヴァドール・ダリはこの関連で――初期ロマン派のプログラムをほとんど言葉通りに引用して――「混乱の体系化」と言う。

二十世紀のアヴァンギャルド芸術がカオスをこのように格付けしていることは、第二の啓蒙の批判的意識には頭痛の種であった。アドルノも、シェーンベルクの表現主義を誠実さと無分別の弁証法の中に救い出すために、乱暴極まるマルクス主義のモデルを取り上げる。「差し伸べられた救いの手」によって大きな声になる生のカオスは、社会的システムによってもたらされたもので――主体の客観的無分別の誠実な表現、つまり交換抽象の盲目的実行の外面であると言う。

世界は価値法則と権力集中の犠牲者にとってはカオスである。しかし世界〈そのもの〉はカオスではない（……）カオスはコスモスの機能なのである。(5)

ここで考えられているのは、もちろん商品世界の資本主義的コスモスである。批判理論家アドルノにとっては、それゆえ、表現主義的カオスの中で秩序ユートピアになりうるものは、ファシズム支配の前兆にすぎないことになる。

このことは、未来主義をファシズムの政治の美学化だとする一般に行われている解釈と正確に対応する。この解釈は、カオスの未来主義的需要こそが現実のものへの極端なまでの技術的接近に狙いを定めていることを隠蔽しているのである。ここではニーチェの世界の非人間化が極端なところにまで達している。詩の代わりに技術が、意味の代わりに推計学が、魂の歴史の代わりに下水道の騒音が登場する。マリネッティは「苦悩する自我」に別れを告げ、分子運動と電子の騒乱を詩の刺激として持ち込む。

われわれを取り巻いている無限に小さなものが表現されねばならない。知覚できないもの、目に見えないも

の、原子の運動、ブラウン運動。(6)

ここで問題なのは、新しい要素、関係、力であって、目から逃げて行くこれらを、「ネオ物質」として、創発的に進化する偶然の出来事として、まず目と耳で探り出さねばならない。マリネッティにおいてはブラウン運動は、客観的にコントロールされていないもの、不規則な表面的なものの刺激源であって、これが今、「自然らしさ」という機能真空を埋めることになる。アルノルト・ゲーレンはこの視点の変換を外部に身を置くことによる解放とし、そこに主体表現と無意識的なものの彼方への決定的な歩みを認めている。

これらの袋が今裏返されるが、そうすることで、自然らしさのカオス性が再び外部世界に移動する。極めて大きな進歩である。今、整理されていないものを自分の外部に探し求め、内的方法としての無意識の自動作用も、外部の自動作用に置き換えられる（……）仕事を外部世界の機械に任せるように、図式化できる精神労働を電子計算機にさせるように、不規則なものの常軌を逸する興奮させる刺激そのものを用いるのではなく、外部からそれを取り寄せることを誰もが学んできている。(7)

＊

裏返された袋というイメージは、外部に身を置いて解放されることであって、表現主義的なカオスの消失をもちろん意識して非弁証法的に表しているのだが、これは、美的な形式は現実のものの騒音に開かれているという決定的な点を的確に捉えている。このことは表現主義と第二次ウィーン派の新音楽――たとえばマーラーの第一交響曲のフィナーレや第三交響曲の第一楽章あるいはアルバン・ベルクの管弦楽曲第六番のプレリュード――との間の敷居の上で、感覚的に強烈なものになる。この要素を取り上げて解釈したことは――しかも「差し伸べられた救いの手」をなおも弁証法的に解釈しようとしたマルクス主義的な留保なしに――テオドーア・アドルノの「音楽論集」の最大の功績の一つである。

マーラーが民衆の祭の「不協和音 (Kakophonie)」と見えるものを自分の「多声音楽 (Polyphonie)」の幼い形の根源現象と理解していたことは伝記的にも明らかにされている。軍隊行進曲や合唱協会のリズムとメロディーのかけ離れたテーマ、屋台の喧騒、いわゆる自然の音のランダム・ノイズ、そうした世界の騒音を整理された反響に仕立てたのがマーラーの多声音楽なのである。そこでは陳腐さの統合がカオス的音響効果を生み出しているのが目立つ。雑音と和音の境界で、カオス状態の正確な調整によって秩序が自ずと生み出される。

多声音楽の原場面としての民衆の祭の不協和音――これこそが、世界の雑音から交響曲的秩序を自ずと生み出す源なのである。アドルノはこれを精密に補完する形で、アルバン・ベルクの作品を無形のもののための豊かな造形、形を崩す形式の暴力の表現と解釈している。ベルクは複雑さを好むが、これが構成的秩序と均衡をとっている――これを逆に言うと、ベルクの作品はカオスを明確に表現するように構成されているということになる。ベルクの組合せ技術、重ね合わせ技術は「無秩序の自己保存」のためのものだとアドルノは言うが、こうした先走った言い方でアドルノが狙っているのは、表現主義を批判的に救い出すことにほかならない。「組織化する合理的な原理は、カオスを消し去るのではなく、その原理独自の明確化する力でカオスをできるだけ高める」(8)としてである。

しかし秩序がカオスを排除することで生まれるのではなく、カオスを明確化することで生まれるのであるなら、形のないものそのものも意味の同盟相手として呼びかけられることになる。「素形態（morphe)」の彼方の素晴らしい現象だからである。このことは美的なカオスを称えるアドルノの最も奥深くにあるモティーフであって、「普遍的調停」つまり交換法則の全般的支配の敷居のところまで来る前に除外され棄却されたものは、この偽りの普遍性の彼方の唯一の保証人になる。社会的調停の手管によって潰された形のないものを、アドルノは意味の再臨（Sinnpsrusie）の舞台に理想化する。

形姿を越えたところにあるだろうものは、いまだ形姿をもっていないものに従って独特な形姿に結び付けられている。(9)

こうした逆説的な言い回しは、調停も移行期もなしに、つまり表現主義的に、行われる美的関連を言い表そうとしてのものである。アドルノはマーラーの第三交響曲の第一楽章の解釈で否定弁証法のあらゆる手段を用いて、カオスの音楽的受容を非逆説化する。アドルノは、いつものようにここでも、進歩と退歩の交錯という解釈手段を用いる。たとえば不協和音は音楽の細かなニュアンスを増大させるものではあるが、同時に文明以前の「間違った」響きとされてきたし、原始的な無調性は音楽の慣習から解放されたものではあるが、同時に「反文明的な不意打ち」なのだと言う。しかしこうした途方もないものへ逆戻りに落ちて行くことには積極的な意味がある。つまり、音楽は管理機構を溢れ出し、音楽の主体は、作曲に介入するのに「嫌気がさして」、不規則性、陳腐さ、偶然、自然の「パニック状の」響きの反乱に「消し去られる」。その際にこの混乱したものから混乱した表現が生じないのは、まさに「カオスに伴う複雑性」のゆえである。マーラーのカオスの捉え方から——民衆の祭の不協和音を思い出すといいが——「非組織化されているものの組織化性」という形式が打ち立てられる。「形式そのものは恐ろしい怪物的なものになる。カオスの客体化だからである」。[10]

アドルノのこうした考察は素晴らしいものではあるが、それでもカオスについての彼の美学理論は気乗りのしないものと言える。つまり詳細に見てみると、彼があえてカオス的なものへ入って行くときは、つねに精神化の弁証法の留保が付けられているからである。アドルノは再三、カオスの美的受容を断固たる否定の名人に任せていて、カオスを社会的にタブー視されているものの「暗号」、追放されている部分の、つまりは第二の自然に硬化した社会に対する抵抗の「暗号」と解しているのである。アドルノがカオスを精神から最も遠く離れているものと考えるのは、カオスがそれ自体として「精神」の強迫観念になるというただそれだけの理由からなのである。美的な精神化は、カオスを貫通する仕事としての断固たる否定の名人に従って行われる。——それは精神の力の「試金石」になる。[11] 初期ロマン派の、自分自身を貫いて行くカオスという定式も結局はこれと同じことを言っているのである。そこから生まれて来る新しい世界には、ジョイスの『フィネガンズ・ウェイク』では「カオスモス（Chaosmos）」という意味深長な名前がつけられている。

「今日の芸術の使命はカオスを秩序にもたらすことである」というアドルノの『ミニマ・モラリア』の定義[12]は、すっかり有名になっているが、これは秩序ということで「社会全体」の批判的に言うところのいわゆる「間違っている」秩序が考えられているという前提のもとでのみ意味がある。芸術におけるカオスでもって社会の秩序のカオスを暴露すると言うのだからである。そうなると精神から遠いものと意味の精神化は、悪に硬化して行く第二の自然に対する抵抗の契機の中にあることになる。こうしたことを背景にすれば、美的な再カオス化をあの追放された部分の救済の戦略と解釈することができる。カオスは非同一的なものの匿名なのである。これは否定弁証法の鍵を握るものの一つであって、精神から遠く離れた残り屑と客観的精神に抗する過激な精神化の同盟である。

*

フロイトは自我とエス（Es）についてのエッセーで読者に心的な審級の原始的な位相を示す一枚の奇妙なスケッチと対決させている。とくに謎めいているのは、自我の頭に「耳付き頭巾を斜めに」かぶせていることである。ところで実際問題として、耳はすべての感覚器官の中でも無意識なものを形成するために最も重要な器官であって、人間は生まれて以来、語りかけられ、話題にされる存在なのである。ジャック・ラカンはこのことを見事な表現で要約して、耳は推し量ることのできない無意識なものの領域にある唯一の器官であると言う。耳はいつも世界の騒音の中で周波数帯を切り整える受信機の役を果たしている。これはカオス認知の堅固な核心であって、「聴覚は無秩序と混乱に対するわれわれの英雄的な開口部」なのである。(13)

それゆえアドルノが音楽の領域の美的なカオスを重視するのも偶然ではないし、またまさにここで初めて確信をもって騒音を芸術に導入する動きが出るのも偶然ではない。ブリュイチスト（雑音音楽派）

がこれである。フーゴ・バルは一九一六年、ダダイスムの同時詩（Simultangedicht）を「三ないしそれ以上の声を同時に語り、歌い、鳴らす対位法的叙唱」であると書き、「人間の声（vox humana）」と「雑音（random noise）」の悲劇的な出会いと言うが、そこでは雑音よりも絶望的に劣る人間の声は、白いざわめきの中、「逃れえない雑音の流れ」の中を機械論に捕らわれながら放浪の旅を続ける近代の魂を表している。「雑音が背景になっている。不明瞭な、不吉な、決定的なものが(14)」。

第一の自然も第二の自然も、つまり機械の轟音や下水道の騒音、鳥の声や小川のせせらぎ、これらは「ランダム・ノイズ」と偶然に散乱する白いざわめきという意味から遠く離れた背景としてあるにすぎない。こうした背景の前で、やがて好き勝手に選別としての明瞭な区切りがなされるようになる。そして当然のように、声が不吉なざわめきの中に消えるというダダイスムの演出する脅しもひっくり返される。明確な区別を立てて表現しようとする者は、雑音を霊感の源として利用する――民衆の祭は多声音楽（マーラー）を生み、「ラインの黄金」序曲の変ホ長調は『ヴェルギリウスの死』（ブロッホ）を生み、鐘の音と見知らぬ鳥の音が「感激の共犯者」（リルケ）になる。

始めにあったのは言葉ではなく、不明確なもののカオスであった。カオスの中でメディアがゆるい結合を、インフォメーションがより密な結合を作り出す。この両者、メディアもインフォメーションも、偶然に散乱する「ランダム・ノイズ」を背景にしてのみ機能する。――このことはフリードリヒ・キットラーが再三指摘してきているところである。「あるのはただあらゆる記号や文書の他者としての非人間的なざわめきだけである（……）しかしメディアは、それらすべてを否認するざわめきからの恣意的な選択としてのみある(15)」。

芸術のアヴァンギャルドは、コミュニケーションの縁辺での偶然に支配される技術でもってとにかく美的に明確な表現を演出することで、この非人間的なざわめきを正当に評価しようとする。たとえばコンスタンティン・クセナキスは確率計算をもとに統計的な音の頻度から複雑な理論を組み立てて作曲する——「ランダム・ノイズ」がミメーシスの「対象」になる。この観点からすると、様式は統計的な規則性の総体ということになる。これとは逆にジョン・ケージは、偶然から生じる寄生虫的な雑音の不確実さの中で行動する。それもざわめきを背景にした選別によって何らかのシグナルが浮かび上がって来るというのではなく、「形態と根拠の間の区別ないしはシグナルと寄生虫的な雑音の間の区別が次第に疑わしくなり、少なくともその輪郭がぼやける[16]」ようにである。それゆえ新音楽は音響上のカオスを除外するのではなく、それを受け入れる開かれたシステムなのであって、ハインツ・フェルスターの言う「雑音から秩序をという原則（order from noise principle）」に従っていて、これは自己形成システムが障害を糧に生きているさまをはっきり示している。カオスを抱え込むのである。アヴァンギャルドの作品の美的なカオスモスは、生あるものの自己形成的システムと同様に、秩序は我慢できず、我慢できるのは「単に安易なだけの指向性をもたないエネルギー」なのだと言うことができる。その際「しかし、システムの秩序の増大に貢献した障害要素だけは選び出された[17]」のである。

「雑音からの秩序」、システムのカオス的なものの摂取、そしてこの原則の裏返し、つまり崩壊して行く秩序からのざわめきの発生——ポスト・モデルネの美学を構築するには、これだけあれば十分である。ジョン・ケージはロバート・モーグのシンセサイザーから、音が人間のものではないことを教わる。シンセサイザーの周波数フィルターで操作された音の合成は、人間の音の世界からは遠く離れて、「音響的に無価値なものの薬学」に近づいて、「ジョン・ケージの沈黙は環境のすべての意図をもたない雑音からなっている[18]」と言われる。エレクトロニクスによって初めて雑音の音楽的克服が可能になる。雑音は物理学的に快い音と原理的に区別されないからである。シュトックハウゼンによると、今日の作曲は、雑音を運動と速度のベクトルとして計算することだと言う。「ミュージック・コンクレート」であろうと、あるいは「秘密の受け皿」においてであろうと、動物の声やモーターの騒音、叫び声や囁き声が演奏される。これからはベルカントと「だみ声」、整った声と「雑音」が、操作できる音の素材として音楽的に同様の可能性をもつことになる。そしてこれからは偉大な音楽上の出来事が——クラシック音楽にしろ軽音楽にしろ——ざわめきと寄生虫的雑音からのメロディーの誕生を人間的に整えられたもののただ中で聞くことができるようになる。

「雑音からの秩序」はこうなると美的に具体的なものになって、「1/fの雑音からの音楽」ということになる。R・F・フォスはバッハ、ビートルズ、ベートーヴェンの作品を比較して、振幅の二乗で測られたそれらの音のシグナルの強さは、ゼロ点通過の強度で表現された振動数とまったく同様に、スケールの不変なざわめきであることを確認している。「ざわめき$X(t)$は、Xそのもの、その積分あるいはその導関数が〈自己疑似的〉である場合には〈スケール不変〉なのである。スケールの不変性はスペクトル分解によってテストされ、スペクトルの密度は $\frac{1}{f^{\beta}}$ の式で表される。ここでは何よりも指数の値が1に近いことが興味深く、これはもっと簡単にして1/fとしてもいいものである。しかし、ベートーヴェンとビートルズの音のシグナルの度合いが1/fのざわめきであるだけでなく、逆に、偶然の音楽、音楽に似た雑音が、物理的な音源の創発的進化をスケール不変の1／fのざわめきに近づけることで生み出されることにもなる。マンデルブローのフラクタル幾何学にとっては、この関連は明白であって、作曲は「さまざまに異なるテンポおよび／あるいはさまざまに異なる音の強さを特徴とするさまざまに異なるリズムに」分解され、「リズムも同じように分解できる」ものである。[19] この分析の結果は個々の音符にまで下がって行ってもスケールの不変性を示す。

こうしてざわめきのスペクトル分解は、今日、ライプニッツがまだ形而上学的に考えざるをえなかったもの、つまり「その襞のすべてを広げる」ことで万有の美を特殊なものの中に証明することを、簡単にやってのけることになる。ライプニッツはすでにスケール不変の万有のこうした美を音響のカオスに確認していた。

海辺を散歩しながら海から聞こえて来る大きな音に耳を傾けていると、音全体を構成しているそれぞれの波の個々の音が識別することのないままに聞こえて来る。[20]

今日では、ざわめきのカオスの中の自己相似性とスケール不変性の構造からフラクタル音楽の創発的進化を識別することができるようになっている。

＊

ライプニッツがカオスを非力化して遠近法的な仮象にする際に、その根拠にしたのは、秩序は複雑であって、統一的に構成されることはできず、不規則なものを刺激として取り込んでいるということであった。そのための例として彼は音楽における協和音の中に和声的に吹き込まれた不協和音を挙げている。この不協和音はつねにやがて解体するものとして聞かれているのである。後にヴァーグナーはこの美的神義論を決定的に複雑化して、音楽的なカオスは解消されえないとする——より正確に言えば、不協和音の解消は無限に延期される。アドルノは、ヴァーグナーが不協和音を解消することから解放されていたのは、ただ単に絶対的な音響効果を狙っているだけでなく、まさにあの無限の延期によって和声の段階を形成する働きをしているのだという洞察を抱くことになる。ヴァーグナーの不協和音は、活発な音色の新しい領域を開くデリダの言う「差異 (différance)」なのである。この領域では——トリスタンの半音階からコンピューター・サウンドトラックまで——至上のものとされた主体と意味形成的な一連の作業が演じられることはもはやない。

しかしヴァーグナーはこれを実行するだけではなく、同時に自分の実行するものを提示する。『ニーベルンゲンの指輪』では神話の無数の課題を音楽が引き受ける。音楽はあらゆる事物の起源を語り、最高の存在でも例外なく没落することを語る。というのも神々もまた死ぬ運命にあるからである。

> 神々の死はカオスへの帰還である。それゆえにカオスは、ヘシオドスにおいて神々の〈始まり〉であったが、それとまったく同様にに、神々の〈終わり〉でもある。(21)

これが『ニーベルンゲンの指輪』で劇的に見せつけられるだけでなく、音楽としても触れることができるものになっている。ヴァーグナーが大々的に繰り広げているものは、後のアルバン・ベルクの管弦楽作品第六番のプレリュードでは簡潔に五・五秒で表現されるものである。単なる雑音の中で、単なる雑音から、音楽が創発的に増殖してやがて滅びて行く。

『ラインの黄金』はカオスに始まり、そこから一つの世界が生まれる。「ラインの奥底に／緑なす黄昏」があり、夜の底の上には波打つ水面があり、「地上のすべてが荒々しい混乱に陥っている」[22]。激流の幻聴が変ホ長調で響き渡る。これはヴァーグナーがイタリアのアイスクリームを食べて消化不良を起こしたときに閃いたものだという。このように作品全体は、自分自身を貫き通すカオスとして進んで行く。『ラインの黄金』の序曲は、変ホ長調の三和音の「サウンド」で世界の誕生を演出する。神々の黄昏はざわめきの中の整えられた音のフィルターを取り除くことで終わる。その際、問題なのは音楽の論理ではなく、音響物理学なのである。

アドルノはヴァーグナー音楽に対してさまざまに優れた考察を行っているが、その多くは技術的な分析の代わりに寓喩的解釈を行っていることで解釈上の力を失っている。アドルノは「ラインの奥底」を無と存在の間のヘーゲル的弁証法の舞台と解し、「指輪」を「生き延びた自然」の印と考え、「ラインの娘たち」を海洋性退化のアレゴリーと解釈する。アドルノはあのラインの黄金の序曲が形のないものの音楽的形態学であることに気づいてはいるが、作曲をこのように名もない音の素材に開くことはどう見ても「不合理」だとして、次のように言う。

ヴァーグナーの作曲技術は彼のテクストと同様にすべての明確なもの、名前のあるものを、〈根源〉の三和音であろうと、八分音符であろうと、一にして全なるものに解消する傾向がある。[23]

しかしざわめきへのこの帰還はまず何よりも、聴覚上のカオスの自己浸透のメディアとしての音色のスペクトルを表すものである。ラインの奥底から招いているものは、海洋性の退化ではなく、単なる音の世界であり、音色の魔力である。ニーチェが人間の彼方に考えていたディオニュソス的なものもこれ以外のものではない。

『ニーベルンゲンの指輪』は――レヴィ＝ストロースが再三ヴァーグナーを構造分析の父と称えているのもこのゆえなのだが――神話の神話なのである。神話の語りは、世代を通じてさまざまに変形されて語り継がれる物語の鎖であって、そこには対話によるコミュニケーションもメタ・コミュニケーションも行われない。そのメロディーは無限であり、それはメタファーではない。神話の構造主義的分析はすべて、神話の音楽との親和性を示している。「音楽は、言葉によってではなく、音にとって暗号化されている神話として、暗号解読のラスターを提供する。それは、体験された経験に篩い分けられ、組織され、その経験の場所に居座っているさまざまな関係のマトリックスである[24]」。――より正確に言えば、ヴァーグナーのライトモティーフによる作曲の機能は記述することはできないのである。ライトモティーフに従って組織された素材は、構造上の変形に屈するのだが、これは神話の語りを形作っているものでもある。しかしまさにこのゆえに、音楽のライトモティーフは、構造として聞かれることを目指すのではなく、目指しているのは散漫な連想を掻き立てることなのである。ベルリオーズの場合にはまだ阿片による陶酔から「固定観念」が生まれたのだが、これをヴァーグナーは技術的に把握できるものに移し変える。ライトモティーフは取り扱い可能な強迫観念、美的な麻薬の最たるものである。

＊

ゲーテは「漂泊者の視点での観察」の一つで、「形のない現実のものの独特のあり方を摑むためには、独自の精神の方向転換」が必要であるとし[25]、対象である言語を認識主体の現実的な空想と区別し、思考から生まれた空想像の背後に現象そのものを見るのは難しいと言う。カントの『判断力批判』は世界のさまざまに異なる局面を孤立して扱っているかぎりで、この問題を解決していた。自然の自律的な美はカントにとっては、人間から経験的なものの「無目的なメカニズム」を遠ざけ、人間に自然を芸術と見させる一つの発見であった。つまり、「法則に従ったシステム」としてである。自然の美の対極にあるのはカオスであって、これは自然の「この上なく荒れ果て、この上なく不規則な無秩序と荒廃」の姿である。こうしたカオスが崇高という理念を刺激することを、カントは弁証法的に基礎づけている。つまりカオスは自然の恐ろしい顔であって、これは人間を自然から離して、自分自身の中の一つの根拠へ向かわせる。崇高なるものという称号で「われわれ自身の中の合目的性と感じられる」ものは、「自然とはまったく関わりのないもの」なのである[26]。

こうしたカントの自然考察は、(一) 無目的なメカニズムとしての認識論（超越的装備）、(二) 法則に従ったシステムとしての自然美という理論（芸術との類比）、(三) 荒れ果てたカオスとしての崇高なものの分析論（主体への跳躍）をもとに行われている。分野を——より正確に言えば世界の相を——このようにきちんと分けてしまうと、カオスと芸術の間のダイナミックな関係はすべて排除されてしまうことになる。それゆえカント以後の美学は再三、誕生のメタファー、創造のメタファーを持ち出すことになる。カオスはゲーテにとっては美しいものの荒れ果てた裏側ではなく、美が生まれ出るための場所である。真の古典主義的芸術が形式に凝り固まった擬古典主義と区別される点は、形をとっていない夜のように暗いもの、たとえば『ファウスト』第二部の古代の醜悪さやキリスト教の悪魔の受け取り方であって、「美の根底にはその生成の存在論的に不可欠な条件としてカオスがある」[27]とされる。

カオスと新しい世界、美と恐怖のこうした絡み合いをゲーテは祝祭劇『エピメニデスの目覚め』に極度に凝縮した形で描いている。目覚めの瞬間に舞台は完全に曖昧な両義的なものになり、巨大な彗星が「恐ろしい前兆」なのか、あるいは解放された新しい世界への合図なのか、分からない。守護神は本当は悪魔ではないのか。恐怖は神の罰なのか、それとも神がいないという絶望の表現なのか。目覚めは新しい「夢/数々の不安な夢」へ導いて行くだけではないのか、と。

芸術の跡はなく、秩序についても何の跡もない。
ここにあるのは創造の荒々しいカオスである。
ついに破壊の時が訪れたという最後の恐怖である。

ここに口を開いているのはニヒリズムの深淵ではなく、自己認識の舞台が始まるということなのだが、このことは、「恐ろしい力」や「この上なく醜い形姿」も、ゲーテの古典主義の考えているあの「幸運な連鎖」——つまり「波のようにうねり、恐ろしい形のないままの」現実のものの展開としての美[28]——

へ向かうということを前提にしている。

カオスと形態との美的な絡み合いは、古代を舞台にしたものであるにもかかわらず、近代的である。世界のカオスが形態の問題になるのだが、このことは故郷のコスモスの喪失を前提にしている。内面性の発明と論争的に言うこともできよう。ギリシャ人はまだ魂の他者の中で生きてはいなかった。つまり世界はまだ「超越的な宿泊場所」を与えてくれていた。このこともまた——ニーチェのディオニュソス的なものと同様に——古代の伝説の一つなのだが、他の伝説よりもギリシャ人を永遠に魅惑するものをよく説明している。これはわれわれを彼らギリシャ人と架け渡しえない形で隔てているものなのである。ジェルジュ・ルカーチはこの伝説をこの上なく見事に語っていて、彼らは「形だけを知っていて、カオスは知らなかった」と言う(29)。こうした歴史哲学的、「超越的心理学的」な意味におけるカオスは、したがって、生の意味が体験された生そのものにはもはや内在していないときに——つまりは近代になって初めて、生まれるものなのである。

こうなると、芸術にできるのは「こうしたカオス全体にきっぱり背を向けて、これを拒否する(30)」か——たとえばアルフィエーリやパウル・エルンストの結晶質の擬古典主義におけるように——それとも混沌とした諸現象を失われた意味の暗号と解するか——脱魔術化された世界の救いがたい混乱そのものは美的な魔力によって打ち破られる邪悪な魔力にすぎないとの確固たる感情を抱いて——のどちらかである。防衛的な態度でもってであれ、魔法の一撃としてであれ、近代の芸術作品はカオスから生まれ出て来る。そして芸術作品が世界の救いようもない混乱を禁欲的に排除するにせよ（悲劇）、混乱を単子論的に呪縛するにせよ（抒情詩）、あるいは複雑さの危険を引き受けるにせよ（ロマーン）、形式が「カオスの遺産」[31]を美しい仮象の中に持ち込むことになる。
世界のカオスに巻き込まれる危険は、カオスを縛り付ける形式ができて以来やっと計算できるようになる。すでにニーチェの美的神義論にしても、選り分けられていないものの中での探索行を目指しているものであって、「芸術はカオスに賭け、カオスを手に入れる」[32]と言う。これは芸術のこの上なく近代的な機能である。一九〇九年、ジェルジュ・ルカーチは、体験を徹底的に重視するロマン派の詩人と形式を重視するプラトン主義者に紙上で対話をさせていて、その争点は、ローレンス・スターンの『トリストラム・シャンディ』を例に挙げて、美的形姿の豊かさがカオスのおかげなのか、形式のおかげなのかなのであるが、ここではそれが具体的に、あの機智に富んだ言葉遊びはローレンス・スターンの卓越を現わしているのか、無能力を現しているのかに絞られる。ルカーチはロマン派の詩人には徹底して『ウィリアム・ローヴェル』の図式に従って論じさせる。それはロマン派的イロニーの祭祀としての崇高な遊びである。この立場はやがて形式（ないし無形式）の形而上学のための理念上の負の引き立て役として働くことになる。カオスはそれ自体としては豊かなものではなく——それゆえまた真の「完全な」カオスではないというのが、その弁証法的な要点なのである。

一つの作品の中にカオスだけしかないとすると、そのカオスそのものは力のない弱いものになる。粗削りにそこにあるだけ、ただ経験的に、静かに、動くことなく、変わることがないからである。（……）ひとは形をとったものの中だけで形のないことの形而上学を感じる。カオスが世界の原理であることを感じる。[33]

こうした視点に立つと、『ウィリアム・ローヴェル』のロマン主義的な姿勢は、あの結晶質の擬古典主義の悲劇性をまさに補完するものであることが認められる。ロマン主義も擬古典主義も、世界のカオスに抗する絶望的な正当防衛の形式なのである。悲劇主義はカオスに論争的・拒否的に背を向け、擬ロマン主義はカオスに対して一杯に詰まった内面性の独自のコスモスを対置しようとする。ロマン主義者はそれゆえ外部世界を否定せずに、外部世界を非力化して自分のシンボルの貯蔵庫にする。しかしこのことは抒情的な形式領域でのみ可能なことである。したがって、ローヴェルの姿勢は、独白的な詩の形をとるときに美的なものになる。

この姿勢はこのアトム化されたカオスから断片を恣意的に摑み出してきて、それら断片を――すべての起源を忘れさせて――新しく出来上がった抒情的コスモスの中に溶かし込む(34)。

＊

力への意志というニーチェの表現は、そのままに美的神義論の課題の解答と理解することができるものだが、世界を美的現象と認めるためには、力への意志は形式への意志と解釈されねばならないという読み方がある。これはゴットフリート・ベンのエッセーにおいて鍵を握るともいえる姿勢である。ベンは形式を最高の力と捉える――公教要理ともいえる力としてである。形式は現実崩壊の中の偉大な留め具なのである。もちろんそこには反プチブル性、ニヒリズム、ポスト・イストワールなどの注釈がひしめいていて、ベン自身、ニーチェ風の解釈を再三暗示していた。しかし、そのことより啓発的なのは、カオスと形式についてのベンの概念にとっての具体的なモデルを探ることである。ディースターベークという人物は「カメラでは捉えられない」形象の国への探索旅行の準備をしていたが、窓から外を一瞥するだけで十分であった。戸外に彼が見るのは、夕暮れではなく、「灰色のもの」であり、丘や空や大地ではなく、「カオス、異形な怪物（……）」であって「重い破滅がそれらの形の上を覆っていた」[35]。

しかしこうした現実崩壊は例外状態ではなく、世界の絶えざる再カオス化として形式のための条件であり、形式への強制なのである。というのも、形式は「自然主義的なカオス」の中での差異化の仕事の創発的に進化する現象以外の何ものでもないからである——一般にそれは精神と呼ばれる。ベンは無と形式を区別する。もっとはっきり言えば、背景のざわめきと形態を区別する。こうして純粋な技巧のベンのポスト・イストワールの中に、歴史の神話的な始まりのときに「区別せよ」という命令に従った人物像が帰って来る。「形象や顔を形作ることによってカオスから自らを区別する人間[36]」である。

精神は反自然である。精神は形式の絶対主義を目指すが、これは今日ではインフォーメーション時代の数学の公式、符号、アルゴリズムの中にはっきり現れている。こうした「機能的な世界」は明確な「内容の排除[37]」の上に成り立っている。現実のものがこの世界に入り込むとただ邪魔なだけである。天才的なカント学者ラスクは、よく似た経験から、この世界の所与のもののカオス的素材が論理形式に包み込まれることを期待していた——形式の表現主義的絶対主義はそうした素材をただただ排除するだけなので、自然の彼方に第二の現実を構築し、それを神々の失われた現実と機能的に等価のものにしようとする。

このことは美的神義論の構造をもう一度複雑なものにする。実在は、美的現象としてではなく、美的現象の中で——技巧的な形式の超越性の中に移し入れられてだが——永遠に是認されることになる。「神は形式である」、そして神に向けられる崇拝は、「形式的なもの中での人間学的救済[38]」を約束する。しかしこれはもはや芸術史の一章ではない。

＊

　ベンはニーチェの技巧性を最終目的にしていて、書くことが創発的進化と捉えられ、思い出の深層からの創造とはもはや捉えられない。芸術は今は行為として、それも現実への美的関心を一切もたない純粋な現実化として自己の存在を主張する。その座標系はもはや自然（伝統的な）あるいは主観性（近代の）ではなく、記号のレパートリーである。記号学者パースは世界の誕生をスタートのカオス状態からの合理化プロセスと理解している。このカオス状態は絶対的な不確実性であるからこそ「あらゆる限定の可能性」だからである。マックス・ベンゼの情報美学はこれを受けて、最大限のエントロピーをもつこの状態、諸要素の極大の混合こそを秩序型と解釈する——つまりカオス性（chaogen）の秩序である。こう考えることで、「カオスと構造をミクロ美学的に形態の境界問題[39]」と定義することが可能になる。しかしこの場合の世界の誕生は——世俗的かつ反神学的にのみ言えば——レパートリーからの創造に他ならず、世界の進む方向はカオスからの偶然の選択によって決まることになる。その結果、次頁のような方程式が出来上がる。

　ベンゼにとっては美的な状態は、カオスの暗黒に立ち向かって戦う精妙な秩序である。その現実は原理的にありそうもなく、壊れやすく、特異なもの——自然法則によって決定された物理学的状態の厳密なアンチテーゼである。ベンゼは再三、美的なものがありそうもないことを強調するが、これは彼の情報理論の出発点からの帰結である。というのも、情報の本質は予測不可能性だからであって、情報は新しくて、突然の、思いもかけないものであるときにのみ情報なのである。しかしまさにこのことが芸術作品にとっても当てはまる。「美的なプロセスの出発点はつねに不確かなもの」なのである。[40]

このことのアンチテーゼは統計的なものと言うこともできよう。美的状態はつねにレパートリーを、つまり極限のところまで混ざり合った「カオス性の秩序」を持ち合わせていて、偶然の選択という意識を生き生きとした状態で保っている——それだけにそれがありそうもなく、偶然のもので、演繹できないものであるという印象は強い。すでに一八四七年、数学者クールノウはありそうもない状態の出現についての法則を定義していて、それ以来、シュテファン・ゲオルゲの言葉をそのまま引けば「稀なものらに稀に形象の中で」与えられるもの（「絨毯」）が、基準になる。しかしこれは、フェリックス・アウエルバッハのこれに関連する考察がなされて初めて、情報美学の上で大きな影響を及ぼすようになる。アウエルバッハは、システムが複雑になればなるほど、システムの諸要素が細かくなればなるほど、ありそうもないことの確率が大きくなることを示しえたのであった。これに呼応して、美的プロセスは、ありそうもないものの確率を誘発するためにのみ、物理学的状態の意味での確率を消し去ることになる。それゆえベンゼは芸術作品を「クールノウ化された対象」と呼ぶ。[41]

$$\frac{\text{カオス}}{\text{インフォーメーション}} = \frac{\text{レパートリー}}{\text{コスモス}}$$

2　フラクタル的な知

$$x_{n+1}=f(x_n)=x_n^2+c$$

周知のように、近代の思考を集大成する「方法の論証（discours de la méthode）」は、「純粋なままの自然理性（raison naturelle toute pure）」にのみ訴えねばならないと信じていて、有限の精神に可能なすべての認識の「最良の方法（vraie méthode）」が四つの指示にまとめられている。

（一）汝の精神にとって明確に分かる以外のものに判断を下すな。
（二）問題を解決可能な要素に分割せよ。
（三）汝の思考を続けるには、「順序に従って（par ordre）」、つまり簡単なものから複雑なものへ段階的に行え。
（四）脱落したものはないか、忘れているものはないかを完全に数え挙げて確認せよ。(42)

脳髄のカオスから創造力が生まれたとする今日一般に受け入れられている考えほど、こうした近代の方法の理想から精神的に大きく隔たっているものは考えられない。思考とは、それによると、偶然の変動の選択的強化によって生じる巨視的に統一性のある状態に他ならない。こうして哲学的な根本問題は解かれて、脳の中のカオスには決定論的世界のただ中で意志の自由の活動場所が設けられる。こうして悪評の高かった無政府主義的な認識論の「知的な自由活動（intellectual freelancing）」が安定した脳髄生理学の基礎を獲得することになる。それゆえ「方法の論証」のあの精神に抗するパウル・ファイヤアーベントの闘争の書の題名は、きわめて的確に『方法に抗して』とされている。ファイヤアーベントは学問を鏡像段階から、つまりその方法論的な像に自己陶酔的に縛られていることから、解放しようとしていると言うこともできよう。「カオスがなければ、知識はない」[43]からである。

こう言うと、ポスト・モダン風に響くのだが、これはすでにポール・ヴァレリーが海辺の二人の男の会話の中心で展開していた思考の影絵にすぎない。すべてのプロセスはエネルギーないし温度の差異を前提にしていて、このことは、人間の精神の機能様態にとっては、そこにはつねに「秩序と無秩序の対立」が必要であることを意味する。「ある種の〈対自的な無秩序〉からある種の〈対自的な秩序〉への」移行過程において、思考はカオスを消費する。ヴァレリーは、精神には「無秩序が糧になっている」ことをはっきり述べているのだが、このことから、観念と呼ばれているものは――対話では「固定観念（L'Idée fixe）」とされているが――機能的かつ経過的に捉えられねばならないということになる。今日なら創発的進化としてと言うのであろう。「観念の本質をなすのは、干渉すること、出来すること」だからである。[44]そのために観念は「われわれの精神的状態の（……）根本的な、組織化された不安定性の印」である。

哲学は思考から段階的に精神のカオスの創発的進化への道、「方法の論証」から「方法に抗する」道を辿りうるのだが、これは哲学の自己批判の結果なのではなく、自然科学の驚くべき危機能力のせいなのである。二十世紀の初頭にアンリ・ポアンカレは偶然を数学的に定義しようとし、人間の感覚では捉えられない小さな原因がしばしば非常に大きな効果を及ぼすという日常の経験を分析している。天気予報であれ、ルーレットの球がどの穴に落ちるかという問題にしろ、初期条件につねに極微の差異があって、これはどんな精密な計測機でも測ることはできない。数十年経ってやっと量子力学によって初期値の計測はつねに不鮮明であることが結論づけられる。

この考えをもとに、ポアンカレは客観的な偶然という概念に至り着くのだが、これがカオス研究の嚆矢になる。

> 発端の諸条件における微細な差異が後の現象における大きな差異を条件づける場合が起こりうる。最初の段階の小さな誤りが後の段階の極度に大きな誤りを引き起こすことがある。予測することは不可能で、われわれが目の前にするのは〈偶然の現象〉である。(45)

こうしてラプラスの決定論的宇宙は崩れ去ることになる。この考えでは自然というシステムの将来の状態の予測の不可能性は人間の精神薄弱の結果にすぎなかったのである。つまり複雑な原因を分析して正当に評価することはわれわれにはできないとしていたのである。それゆえラプラスは確率論を——これはコントロールされていないもの（アトランダムなもの）を記述する唯一の数学的手段なのだが——われわれの知性の低さを埋め合わせる有効な手段と考える。

極度に複雑なダイナミックなシステムが発展してくると、これは予測できず、せいぜいのところコンピューター・シミュレーションによって「リアルタイム」で記述できるにすぎない。こうしたシステムがカオスであるのは、エントロピー的な無構造という意味においてではなく、無数の構造の定めがたい絡み合いとしてである。フリードリヒ・クラマーはこれを「根元的複雑性」と名づける。この概念が、「それを記述するのに必要な最小のアルゴリズムが、構造そのものと比肩するほど大容量の情報ビットをもつ」(46)とされるシステムの特徴を示している。つまり、予測不可能性とカオスは複雑性という同じ概念につけられた二つの名前なのである。それは「自分自身に関するシグナルの記憶の喪失(47)」とも言われる。決定論と予測不可能性と固定した形態の創発的進化の絡み合いが量子力学的なカオスの中で同じ問題の表側に出たり裏側になったりしていることが分かるようになる。

しかしラプラス的宇宙に対抗して出てきたのはカオス研究、そしてコンピューター理論だけではない。ポアンカレがコスモスの中でのラプラス的超知性の不可能性を証明している間に、これはアラン・チューリングによって「コンピューターで処理できる数」で構築される。現在のデジタル計算機の原型である「離散状態機械」は、あらゆる予測不可能なものをその状態の鋭い非連続性によって排除する。チューリング機械はカオスを知らないのである。そしてこの機械の発明者は、ラプラスの要請がコンピューター世界で果たされることをはっきり見て取っている。

われわれがここで考察している予測は、ラプラスが考えたものよりむしろ実用性が高い。〈統一体としての宇宙〉というシステムにおいては、初期状態におけるごく小さな誤差が、後に甚大な影響を与えうるものである。ある時点に、ただ一個の電子が一〇億分の一センチ変位するだけで、一人の人間が一年後に雪崩にあって遭難するか、それとも助かるかという違いが出る可能性がある。〈離散状態機械〉と名づけた機械的システムの本質的な特性は、このような現象が起こらないことである。(48)

これはあらゆるカオス・コンピューター・クラブの——アカデミックなクラブであろうと、アナーキーなクラブであろうと——逆説的な根本情況である。カオスが探求されうるのはコンピューターのおかげなのだが、このコンピューターは、カオスについては何も知らない普遍的な非連続機械のおかげで存在するのである。

*

ニーチェは、世界の基本性格は永遠にカオスであると形而上学的に想定しているが、この想定は非線形力学の理論によって科学的に裏づけられている。決定論的な、われわれも知っている領域は、カオスの大海の中の小さな島にすぎないように見える。カオスのざわめきは秩序を乱すものではなく、逆にこの秩序こそが現実のものの「ランダム・ノイズ」の中に割り込んできているにすぎない。ニクラス・ルーマンはこの関連で「ありそうもないことの概念性」というものが流行していることを指摘している。「選択、偶然、進化、ネーク（反）エントロピー、創発的進化、最近のカオスなどなどの説明概念」は、「われわれにはありそうなもの、普通のもの、期待できると思われているすべてのものの奥底にありそうもないことが隠れているという逆説」に直面して、その反動として形成された学問上の術語なのである。(49)

偶然とカオス、偶然のプロセスと不完全な決定論は、世界を非合理性の縁辺に保つことになる。このことは、ギッブスの統計学やボルツマンの確率論やフロイトの精神分析学のような見たところ異なる学問の共通点である。そしてこれは、この関連を知ったノーバート・ウィーナーがやがて彼のサイバネティクスを構想することになるときの背景の経験である。こうした制御科学の緊急性は、「宇宙そのものの構造の中のチャンスの基本的要素」を承認することに基づいている。ウィーナーはカオスをエントロピーの悪魔としてこれと戦う。再録羊皮紙のように、「サイバネティクス」のテクストの下には熱力学第二法則の悲劇が読み取れる――悲劇的必然性は物理学的には具体的ですべての差異の消失の不可避性であり、平衡の中での最終的な単調さの不可避性である。それゆえ人間の生はアンチ身体的であり、流れに抗して泳いでいて、エントロピーの神々に対しては「それ自体として」破廉恥である。「われわれの主たる義務は秩序の任意の飛領土を打ち立てることである（……）秩序破壊の奔流をである[50]」。

ノーバート・ウィーナーは若い頃すでにカオス研究のパイオニアであって、いわゆるブラウン運動の区別できないモデルの最初の数学的分析に成功していた。ブラウン運動とは一八二八年に生物学者ロバート・ブラウンが観察していた奇妙な現象で、静かにバランスを取っている液体（たとえば水）の入っているグラスに顕微鏡でしか見えないほどの小さな粒子を注ぐと、垂直に均一に底まで落ちるのではなく、じっと留まることもなく、完全に無秩序な動きをするというものである。

このブラウン運動は今日ではカオス研究の基本モデルになっているが、これは次の四段階の科学的処理のおかげである。

(一) ロバート・ブラウンがこの現象を正確に観察したこと。
(二) ジャン・ペランがこの物理学的運動を絶えざる、しかし微分できない曲線と比較したこと。
(三) ノーバート・ウィーナーがそれを数学の対象として解析したこと（ウィーナー法）。
(四) ベンワ・マンデルブローがこれをフラクタルと定義したこと。

ブラウン運動を精密に観察すると、その軌道が無制限に増大することが分かる——これは伝統的な次元概念を粉砕する。

ブラウン運動の軌跡は〈トポロジカルには〉一次元の曲線である。しかしこの運動が実際上平面を埋め尽くしているために、それは〈フラクタル幾何学的には〉二次元である。[51]

平面を埋め尽くす曲線が数学の怪物の領域に入って行くのだが、そこには連続しているが微分できない曲線（ヴァイアーシュトラス関数）、無制限に分割できるが連続していない曲線（カントールダスト）がある。一八六一年にすでにリーマンは

$$R(t) = n^{-2}\cos(n^2 t)$$

という関数を連続しているが分割できないものとして記述していたと言う。十一年後にヴァイアーシュトラスはこうした関数の証明に成功しているが、一八九〇年にはジュゼッペ・ペアーノが初めて平面を

埋め尽くす曲線を見つけている。

数学にとってのショックは大きかった。というのも、接線を引くことのできない曲線などというものは観察できるものではなく、抽象的な論理でしか考えられないものだからである。量子力学も非具象性をもつ自然法則に突き当たっていた。それゆえリーマンからブルバキまでの数学において支配していたのは、幾何学的直観に対するラプラスの無形象性と結びついた厳格な禁欲である。ポアンカレが厳格な論理的形式化のこうした傾向に抗して再び幾何学的空想を数学と力学に持ち込んだのだが、これは彼の最も重要な内的衝動の一つである。ポアンカレの後を継いで、その計算表の成果におぶさって、ベンワ・マンデルブローは、幾何学の領域の純粋に論理的な構造に抗する幾何学領域の考え方を再びあえて本道に戻したのであった。

コンピューター・シミュレーションは今日、高度に複雑なシステム過程を視覚化することができる。算出された画像の中で世界をコントロールすることも近い将来にできそうである。しかしカオスを観察し、これに形を与えることは、さまざまな可能性の中で出発時点において一つの結果を決める「十字架実験」である。これがコンピューター・グラフィックによって非線形動力学の数学で可能になる。こうして「カオスを分割する」(52)というマンデルブローのプロジェクトは、分割されていない物の中に法則性の島を発見することになる。しかしただ島だけなのである。カオスの分割とは不規則なものの部分がフラクタル思考にとっても究明できないままであることをも意味する——つまりカオスは自己相似性という現象をもたないままなのである。具体的に言えば、自己相似性とはカオスの中のフラクタル思考のアリアドネの糸なのである。

不規則なものの構造、形のないものの形態学、カオス的現実の幾何学、つまり雲、山、海岸線、稲妻――マンデルブローのフラクタルなものの理論は、これらの表すものの非逆説化なのである。

新しい幾何学は、荒々しく、未完成で、でこぼこで、滑らかでない一つの世界を映し出す。それはあばたがあり、疱瘡のあとがあり、ばらばらで、捩れ、縺れ、絡み合ったものの幾何学である。(53)

動力学的システムは、カオス的な状態になるやいなや、軌道をとり、これはフラクタルとして表現されうる。換言すれば、フラクタルはカオスに形を与えるのに役立つ。それゆえ、コンピューター、フラクタル幾何学、動力学システム理論、絶えず変化する形態の数学としての位相論は、一つの研究領域を形成する。動力学的システムはその際、その微分方程式によってではなく、トポロジカルに位相像によって表される。したがって、たとえば、カオスの発生が幾何学的に回転と折り畳みのプロセスと理解されうることが分かる――こうした場合、パン焼き職人がパン種をこねまわして形を作るのに似ている。

アインシュタインの相対性理論はこのことの決定的な予備作業であった。ヴァレリーの海辺の二人の男はこの「すべての物理学のうちの物理学」をきわめて見事なモデルケースとなる実験で具体的に説明している。簡潔な指示で三角形を弾力性のある金属箔の上に書かせる。

今あなたはこの弾力性のある薄い箔を手に取って、折り畳み、しわくちゃに丸め、思うままの形に歪めるとする。この三角形の特徴の何が残るか。

相対性理論を背景に、リヒテンベルクの例の枕の皺の理論の機智に富んだジョークからフラクタル幾何学が出来てくるのである。

物理学全体を（……）しわくちゃに丸め、折り畳み、その形を歪めねばならないことをよく考えてくれたまえ（……）そしてその上にさらに時間をも。[54]

こうしたフラクタル思考はやがてカオスが永遠にその基本的性格となっている世界を形にすることができるようになる。

数学の形式化ではなく幾何学的な具象性が、研究の戦術上重視され、理論の代わりに描写、原因の分析の代わりに効果の検討が行われことになる。コンピューター・グラフィックは非線形動力学の実験科学としてのこの新しい数学の手がかりである。カオス研究者のモニター上での数学のプロセス化と言うこともできよう。「コンピューターの調整できるレンズを通して〈でたらめさ〉を凝視する」[55]のである。計算表と「ナンバー・クランチャー」が非線形方程式の無数の反復を可能にする。これはそのアウトプットがつねにまた同一の——根本的には極めた簡単な——計算手続きのインプットになる「ブラック・ボックス」のように扱われる。たとえば

$$x_{n+1}=f\ (x_n)=x_n^2+c$$

このような式がやがてコンピューターのモニター上で目に見えるものにされる——単純な反復処理プロ

グラムの実験数学である。

こうして、初期値の些細な誤差が後の現象の大きな誤差の条件になりうるというポアンカレの決定的な観察が「目の前に（ad oculos）」例示できることになる。そのためには、さまざまな機種のコンピューターで同一の反復処理プログラムが動くようにするだけでいいのである。というのも、それぞれのコンピューターは数字を少数位何桁かまでしか正確に記憶できないからで、さまざまな機種のコンピューターで、丸めの誤差（rounding off error）がさまざまに異なることになり、方程式をさらに反復して行くとこの誤差はカオス的に増大する。原則的に言えることは、それぞれの測定とそれぞれの記憶が正確なのは有限の範囲内のみであり、この「情報の欠陥」（ジョゼフ・フォード）は反復処理プログラムの中でカオスにまで増大する。

カオスの縁辺での高度に複雑で非線形的な動力学的システム（たとえば天候）のモデル化とシミュレーションを行う場合、精度を安定化させるためには、コンピューターに膨大な量の情報を入力しなければならないので、計算ばかりして「予報する」力を失って、せいぜいのところシステムの発展をリアルタイムで「書き込む」ことしかできなくなる。したがって、カオス的な定角軌道は予測できなくなる――これができるなら、天気予報や株式投機は学問になるのであろう。

ここでつねに問題になるのは、不規則性と無法則性そのものがこの上なく厳密な法則的に明確なものの効果になっているという現象である。一連の簡単な非線形結合によって、見通しのつかぬほど複雑な動きが起こる。それゆえ数学的には、カオスは決定論的システムの中の偶然的な反応と定義される。ということはしかし、高度に複雑なシステムは、外部からの雑音源をインプットすることなしに独自のカオスを作り出すのである。単なるざわめきの「ランダム・データ」とは違って、この決定論的カオスはコンピューター・スクリーンの上に形象を作り出す。それは「規則正しい無秩序」[56]である。

規則正しい無秩序というこの逆説は、決定論的カオスという理論によって逆説でなくなる。つまりそこで問題なのは、秩序立ってはいないが決定論的であり、偶然ではないが（外部からの妨害、ランダム・データによって）、偶然に依存している不安定に揺れ動く状態なのである。それゆえカオスがここでは、決定論的であるゆえに、つまりはその偶然の動きがシステム内在的であるゆえに、ざわめきを意味しない。このカオスは外からこのシステムに破局的な形で押し入って来たのではないからである。単純な非線形システムは最小の効果をフィードバックさせることで、カオス的複雑性を作り出すことができる。フィードバックされた効果はその後に何乗にもなって増大するからである。ポアンカレもすでにこの独自なカオスを非線形システムの可能性として見つけ出していた。しかしエドワード・ローレンツの天候の数学化というコンピューターを用いた実験で初めて、「最初の秩序の、結合されている三つの非線形微分方程式の一つの定理がすでに完全にカオス的な定角軌道へ至る」ことが証明されえた。それゆえ決定論的カオスとは、決定論的運動方程式にもかかわらずカオス的軌道の成立ということができる。[57]

一つのシステムは、エントロピーが最大に達したとき、平衡状態になる。それは無構造でぼんやりしたカオスであって、世界は熱力学第二法則に従ってそこへ向かって進む。しかし周囲の世界からエネルギーを受け取り、周囲の世界にエネルギーを受け渡す開かれたシステムの場合はどうなのか。イリヤ・プリゴジンは、物質は熱力学の平衡から遠く離れるほど、知性的になると言う。分岐点に近づくと、不安定さが増し、システムに選択肢を選ぶことを強要する。「物質はシステムを少しばかり人間的に表現するために、平衡状態から離れたところで自分の周囲を〈利用〉して、平衡状態のときには意味のないほどのわずかな差異を区別し始める」。システムはざわめきに敏感になるとも言えよう。それゆえカオスにはエントロピー（受動的に）と乱気流（能動的に）という二つの両極的な特徴がある。この両極の間でのみ、生は生に留まっていることができる――平衡状態と完全な不安定性からも遠く離れると同時に、選り分けられていないものの中での熱死とあらゆる形態の破滅からも遠く離れてである。それゆえ原理的には、「秩序、統一性は、平衡の熱カオスと非平衡の乱気流カオスの間にサンドイッチのように挟まれている」[58]と考えられる。

不安定なものの側近くで構造が自然発生的に創発的進化を行うところからすれば、熱力学や確率論といった古典的法則がもはや通用しない巨視的な領域――つまり生とすべてのこの世の進化過程――が存在することが分かる。形態の破壊の代わりにカオスから秩序が生まれるのである。選別と自己組織化、つまり外的な周辺条件をもとにした選別による内在的構造構築が、エントロピーの対立物になっているのである。それゆえ熱力学の平衡から離れることで、自己組織化が可能になる。問題は、周囲からエネルギーを受け取り、エントロピーを周囲に引き渡す開かれたシステムである――プリゴジンはこれを散逸的構造と呼ぶ。この構造はたえず周囲の世界と交換し合うときにのみ、成り立つものである。しかし非平衡システムはまさにこの極端な周囲世界依存性のゆえに周囲世界に敏感であって、ほんのわずかな差異によっても「受け取る情報を選択し」、驚くほど精密な作業ができる。「カオスの縁辺で動いていて、思い切ってカオスの縁辺へ進んで行くと言ってもいいからである」。そして「それゆえにこのシステムは原理的に突然の破滅、死の萌芽をうちに担っている」[59]。

生は秩序の流れ、それもありそうもない流れであって、絶えずカオスへ転落しないよう身を守らねばならない。そしてどうやら生の可能なシステムはカオスの否定によってではなく、フィードバックの諸条件のもとでのカオスの自己振動の中で出来上がるものらしい。そのとき偶然と散逸こそが秩序の代理人として機能する。ジョゼフ・フォードはこのことを上のような公式で表している。

個性は、他のものや他の人々からのエネルギーと情報の流れからフィードバックによって生まれる。システムが自律的であればあるほど、そのフィードバックの繰り返しの絡み合いは密になる。したがって非線形システムの自己保存はフィードバックの繰り返しの網の中でのコミュニケーション・プロセスと表すことができる。

進化＝カオス＋フィードバック

一つのシステムの決定的な進化の歩みは、選択の可能性がある地点で書き込まれ、フィードバックによって恒常化される。それぞれの分岐点がシステムの歴史を刻むと言うこともできよう。そして自由とは、分岐とフィードバックが作り出す活動場所である。数学者ルネ・トムはこの関連で分岐のカタストロフィーということを言うが、これは「カオス」とよく似ていて、形態発生の記述のための実際的な、少なくとも記述的な概念である。進化の分岐点は、システムが自らの存在を脅かす発展段階でしばしば極端な飛躍によってのみ、生き続けうることを示しているからである。それゆえここでは自己保存が極端な破滅しかねない反応を強要していて、これが新しい自然形態に向かわせることになる。

アウトプットへのジャンプがあるところ、つまりカタストロフィーがあるところで、われわれは、メディアの特性の中に、それゆえまた連続的な背景から起こってきた〈形態〉の創造の中にも非連続性があることを知る（……）〈カタストローフィー〉はそれゆえシステムの〈サバイバル戦略〉であって、システムは普通の特徴的な状態から離れるよう呼びかけられる。(60)

厳密な決定論的出発条件のもとでのこうした非決定論的飛躍は、非線形成長過程にとって特徴的である。フェアフルストの成長方程式の分析において、分岐点でのこの「思い切ったジャンプ」、カオスへの自己保存のための飛躍が、普遍定数の一つであることさえ示すことができた。それゆえ非線形動力学のあらゆる予測不可能性の中に分岐点の図式があることになる。分岐点の間の間隔の短縮を記述する数は、あらゆる自然事象において一定で、およそ4.6692である。この数はフリードリヒ・グロースマンが発見したもので、ファイゲンバウム数と呼ばれる。

＊

普遍的に一定のファイゲンバウム数は、カオスの中にも組織的な決定性があることを示している。ところで分岐のカスケードは帰納方程式で表されるので、逆に言えば、コンピューター・シミュレーションで動的な分岐を描き出す反復処理プログラムが書き込まれるかぎり、カオスの中の秩序は正確に示されることにもなる。カオスを選り分けられていないもの、秘密の構造をもつものに分割するというマンデルブローのプログラムは、それゆえ次の二つの前提をもつ。

（一）グラフィック可能なコンピューターの無限の計算容量――これはＩＢＭから提供された。
（二）帰納的量の、つまり自己相似的な数量の数学、その各々の要素が既存の式から作られた簡単な帰納式で計算されること――これはマンデルブローがガストン・ジュリアから学んだものである。

今、複雑な数字を反復方程式に組み入れると、複雑で、平面を埋め尽くし、自己相似的な構造が浮かび上がる。これはときに自然の形態と極めてよく似たものである。このことからマンデルブローは、自然の形態を方法的に反復処理プログラムによってコンピューター画面上でシミュレーションするという考えに至り着く。自然のフラクタル幾何学とまったく同じ考えである。

何よりも、フラクタルは自己相似的という意味であった。自己相似性はスケールを横断する左右対称性である。そこには帰納が、パターン内部のパターンが含まれている。(61)

それゆえモデルの帰納的作成はスケールのあらゆるレベルで、あらゆる尺度で行われる。パターンの中のパターンの中のパターンとして……尺度から独立した自らとの相似性がそれゆえカオスの中の秩序の原理である。別言すると、カオス的システムを観察するとき、観察の尺度を変えても、何一つ変わらないということになる。「自己相似性ないしスケールの不変性は観察する現象の中での自然の尺度の欠如と同義語である(62)」。

決定論的なカオスとスケールの不変なフラクタルはそれゆえ完全に相補的で、互いに調整し合って生まれた構想であって、一方が厳密に決定論的な出発時点の条件からのカオス的動きの創発的進化であるのに対し、他方はこのカオスそのものの中の秩序構造の発見である。カオスの秩序がそんなにも長らく潜在したままであったのは、その次元が崩れて、まさにフラクタルになっていることのゆえである。これを知覚するためには、ユークリッド空間を離れねばならない。大まかな規則とされるのは、「カオスが現れるところではつねに、諸次元もフラクタルになる(63)」である。しかしこのことはまた、フラクタル次元はカオスのための尺度であることをも意味する。

＊

新聞の経済欄には株式相場や価格の変動のグラフや表が載っているが、これは偏見をもたない読者には何か矛盾した複雑な印象を与える。一方では金融市場の動きが予測できないこともあるが、他方で株価表は相場の将来の動きを暗号化していることを示唆しながら今後の指針を与えるために作成されるらしい。一九〇〇年に数学者ルイ・バシュリエは、こうした株価表にはどのような将来的な意味もないことを指摘し、相場の変動は統計学から独立していると主張している。バシュリエによると、競争市場の価格はブラウン運動とよく似た動きをし、株のギャンブルに現れているような経済上の不確かさは、ただ確率論で処理できるだけだと言う。つまり偶然に左右されるプロセスなのである。

今日でもまったく同じように、「経済における秩序とカオス」の曖昧なヤヌスの顔が指摘される。カール・クリスティアーン・フォン・ヴァイツゼッカーによると、株式相場は統計的形成法則に従っていて、その結果「株価の対数は、物理学でブラウン運動として知られ、また〈ランダム・ウォーク〉と言われている偶然に左右されるプロセスのように振舞う」と言う。しかしまさにこの相場の予測不可能性が相場に経済的な秩序ファクターの資格を与えているのである。というのも、相場があらゆる関連情報の一ファクターの焦点であり、それを直接に株価に反映させるというまさにそのゆえに、株価の動きについては何一つ予言できないからである。「相場のこの予測不可能性こそ、相場が情報をとくにうまく処理していることを示している(64)」のである。

偶然に左右されるプロセスとしての金融市場の株価の変動、価格の「ランダム・ウォーク」――それなのに経済上のカオスの中に一つのモデルがあるとしたらどうであろう。この問いに答えるためには、世界中の商品市場で長い年月をかけて収集した製品価格の完全なデータを調べねばなるまい。まさにこのことをマンデルブローはこれまでの八十年間の綿花価格の正確な記録をもとに行ったのである。彼はこの資料をヨークタウン・ハイツにあるＩＢＭリサーチ・センターのコンピューターに入力した。その結果、個々の価格変動は偶然に起こってはいるものの、毎日の、毎月の、毎年の変動のカーブには独特のシンメトリーが支配していることが分かったのである。綿花価格の変動は、二つの世界大戦の時期を挟んでいるにもかかわらず、スケールは不変なのである。「スケール不変の特性は、競争市場価格の二つのこの上なく目立つ特性、高度に不連続で〈循環的（zyklisch）〉なのだが、周期的（periodisch）ではないという特性を自身の中に統合している(65)」。

コンピューターは株式市場の金融カオスの中に秩序模様をはっきり見せつけたのである。しかし株式市場が情報の加工と情報の伝播機械としてのその機能をコンピューターを用いてのみ満たすことができるようになって以来、逆に、金融市場の同時的コミュニケーションはどんなに些細な「悪いニュース」

でも全世界規模のフィードバックによって瞬時にして株の暴落を呼び起こすことも可能である――一九八七年十月の暗黒の木曜日がこの例で、これはコンピューターによって引き起こされたカオスである。

第三章　存在とデザイン

1　演出されたメトロポリス

マンハッタンが岩のように沈む、
汚れたハドソン川に。何というショック。
これについて一冊の本が書かれた。
それは古代ローマのようであったと言われた。
――ルー・リード

十九世紀には大都市はまだ市民の魂の夢の織物で埋め尽くされていた。そこから精神分析が生まれたのだが、発展することはなかった。フロイトは、十九世紀に自然のままのものになっていた市民的個人の夢を分析して、この夢の織物には都市の経験を原始林とか海とかといった自然のパターンへ移すことがふさわしいとした。大都市は第一次大戦後にそうした姿勢と縁を切り、個人は徹底的に抹殺され、大都市は集団の舞台に作り変えられる。集団の知覚様態は目に見えるものとして建築に向かう。こうした変化が第一次大戦の経験と結びついているのは偶然ではない。それは人間を破壊的なエネルギーの力の場へ引きずり込み、市民的魂の夢の織物の自然形態の中にはっきり現れていた経験のすべてを一挙に無価値なものにしてしまったのである。

世界大戦は新即物主義の学校になって、世界を白紙状態にしてしまったのである――今や欠乏が創造的に働かねばならない。あらゆる激情が打ち崩された後に残るのは、ゼロ点のパトスだけであって、人はここから前へ、まったく新たな、無から出発することになる。純粋な構造の形で線と直角の稜があらゆる装飾と伝統の空想の形態を消し去り、技術の即物性が、仮象から解放された生の世俗的シンボルとなる。ガラスと鋼鉄――硬く滑らかで即物的な――が、仮象をもたない社会的透明性のための素材である。伝統的な表象を取り上げられた人間は即物的になる。つまりは、人間中心主義的な人間との類似性が否定される。様式化するものはすべて、二〇年代の大都市の住民には耐え難いものである。彼らは同じ日用品の大量に出回る様式にならって、目立たない、匿名的なものを要求する。現代のこうした様式をもった即物的な合意をアメリカニズムという――古いヨーロッパの尻に刺さった棘である。大型高級車のピカピカ輝くクロム鍍金の美しさ、鉄骨を組み立てた橋の壮大さ、マンハッタンのドーム状の塔。

古いヨーロッパの感情は、メトロポリスのこうした発展を建築物の記念碑的なものから馬鹿でかいものへの不幸な道と捉えざるをえない。ジャン・ボードリヤールはこの関連で大都市の闇雲な衛星都市化について述べている――大都市は今はもうあるリズムをもって建物が立て並べられて行く場所ではなく、飛来した宇宙カプセルにも似た怪しげな物体に占拠されているのである――ICCやポンピドゥー・センターを考えてみればいい。しかしこうした「大都市の機械的な世界、石と鉄とガラスの巨大な立方体の結晶になって地上に横たわっているこの機械的な世界」(1)の可能性は何なのであろうか。

大都市という怪物は、プロテスタントの自然概念を前提にしている。それは大地を技術と工業の舞台におとしめると同時に、ロマン主義的感傷が対象にすることのできる自然のままのものの保護区を設定するものである。メトロポリスは完全に電化された地上の典型、あらゆる技術的・工業的空想の宇宙的投影の典型である。現代の大都市はピューリタンの即物性のもつ厳密な潔癖性と几帳面さで厳格な生活様式を制度化し、改造する。

プロテスタンティズムの精神はとっくに「世俗都市」の立方体とカプセルから消え失せてしまってはいるが、その枠組みは無傷のままに残って、その空白の場所はスポーツ集団と映画集団に埋められている。両次大戦間の時代に初めてはっきりしたことは、発電所が工場風景の殿堂になり、カーレースの観衆が新しい時代のカルト集団になったことである。

疑いもなく根底には宗教的ともいえる崇拝がある。しかしその上には、都市国家ローマの巨大な円形競技場の界隈で流行したイシス崇拝の上にのように、香水が振り撒かれている。

オスヴァルト・シュペングラーはこう言って、メトロポリスの娯楽文化、大都市の知性偏重に対する息抜きの儀式を要約して、「映画、表現主義、神知学、ボクシング、黒人ダンス、ポーカー、競馬——ローマにあったこうしたすべてが再び見つけ出されることであろう」(2)と言う。これは古代末期と近代の間に大きな平行線があるという体験の核心であって、ポスト・イストワールの予言者シュペングラーは西欧の没落を二十世紀の大都市の容貌に読み取っている。

そしてここで知っておかねばならない一つの肝要事は、世界の脱魔術化、生の世俗化、近代の技術のアンチクリスト的徴候が、ボードレールの言う「大都市の宗教的陶酔」を弱めるのではなく、より高めているということである。大都市そのものが宗教的陶酔を作り出しているのである。

脱魔術化されて、徹底的に世俗化された世界は、今日、人間の唯一の大都市として経験される。「都市と世界（urbi et orbi）」の二つは重なり合って、同義語反復になり、都市すなわち世界なのである。「都市は市民と世界の双方を飲み込む。そしてこうした都市は人間のコミュニティーよりも月の風景に似る」(3)。現代のメトロポリスは、古代末期のそれと同様に、歴史の内容を吸収して、自分でないもののすべての力を削いで、それを歴史も意味もない区域にしてしまい、ローマがローマ帝国になり、パリがフランスになり、ニューヨークが「アメリカの平和」の制御中枢になる。メトロポリスが歴史の内容を吸収するようになって以来、世界史は大都市の歴史になっている。

「世界の代わりに都市」――シュペングラーは「魂」から反形而上学的知性への、「故郷」から近代の流浪生活への、「文化」から文明の野蛮への大きな転回をこの言葉で表現している。人々が住んでいるのは家ではなく都市であって、都市の全体が住家になっているにすぎない。現代人が世界をもつとすれば、それはただメトロポリスに消費される度合いに従ってだけなのである。「都市（city）」が人間の誕生の舞台になる。生きようとする者は、極度に人口の密集した都市の中心部、ニューヨーク・シティーに押し寄せる。マンハッタンの「スカイライン」は、世界としてのこの都市の無比のシンボルであり――そしてこのことが世界都市という言葉の本来の意味なのだが――自然の全的な否定を確固としたものにしてしまっている。

こうした都市・世界に対する意見は分かれる。世界都市という精神形成物に嬉々として消費されようとする者がある一方で、大都市に対する大きな嫌悪感を形而上学的原理にする者もいる。ツァラトゥストラが文明を極度に軽蔑する態度で通り過ぎて行って以来、都市への呪詛、森の散策、杣道の散策がインフレ情況にもなる。「何故われわれは田舎に留まるのか」。この有名になったハイデガーの問いの視点からすれば、メトロポリスは非本来性の総括概念になる。

神を見捨て、存在を忘却し、大地に不誠実になって——こうした反動的な感情にとってはメトロポリスは幻影世界にならざるをえない。大都市の「摩天楼、株式市場、銀行、工場、機械、ベルトコンベア、爆薬、毒ガス、新聞などなど（……）その交通路盤、工場、ガスタンク、垂直に伸びる住宅道路、電線で、至る所で齧り取られ吸い尽くされ、やがては区画された土地を利用するために、大地の歌のメロディーは救いがたい不協和音で破壊される（自動車の警笛が自然の音をぶち壊すように）[4]」。これがエルンスト・ユンガーの『冒険心』の日誌になるとさらに精緻にこう書かれる。

通りの雑音には何かひどく威嚇的なところがあり、それが次第にはっきりと母音の中でももっとも恐ろしい、あの重苦しい吼えるようなUの音に同調し始める。交通機関の警笛や金切り声の中には死の直接の脅迫が含まれているのだから、これはどうしようもない[5]。

今日では感傷的な大都市嫌悪はコンクリートの建物に向けられているように、二〇年代の都市嫌悪のルサンチマンはアスファルトに集中していた。コンクリートもアスファルトも索漠とした滑らかな表面を作り、継ぎ目のない構造物を可能にする。舗装の下には土があるのだろうが、アスファルトを張られると、草も生えない。しかし建築学上の反自然、この自然の追放は、現代という時代の尺度において、交通、コミュニケーション、軍備をとにかくも初めて可能にしている。アスファルト・ユダヤ人を弾劾した連中がこのアスファルトで高速自動車道を建設することになる。となると、道路のアスファルトや建物のコンクリートをたまらなく嫌に思う大都市嫌悪は、実際には生の新しい様式——より正確には、生の新しい主体——を恐れているのではないかとの疑念が浮かぶ。というのも、滑らかな表面は、迅速に移動して、その痕跡を消し去らねばならない連中、つまり大都市でも戦場でも動きまわる非合法の階級闘争の活動家たちに役立つからである。

物量戦争によって消耗し、脱魔術化された第一次大戦の兵士たちの即物的な視線や、非合法活動の痕跡を残してはならない階級闘争の活動家の機敏さは、行動の日常規範になる。こうしてメトロポリスを破壊することが現代のイマジネーションの中心になってくる。ジョルジュ・オスマンが強引な手段でブルヴァールを建設してパリを戦略的に美化して以来、大都市建設は破壊の力を美的に受け入れて来た。古代アッシリアの首都ニネヴェもバビロンも、今は文明の傲慢の不吉な前兆ではなく——これはアルフレート・デーブリーンの『ベルリン・アレキサンダー広場』での直観なのだが——新しいものを調達するために惜し気もなく捨ててしまう穿き潰された古いズボンなのである。

大都市没落の空想はつねに、一つの社会には大都市の強力な技術的手段への関係を制圧することはできないことの印である——このことはやがて反自然の都市・世界を完全に破壊し尽くすという絶えざる脅迫の中にはっきり現れることになる。こうした没落をこの目で見る楽しみは——これは二十世紀の崇高なものなのだが——世界大戦の荒々しいエネルギーの爆発で破壊の光景の訓練ができていたことに基づいている。エルンスト・ユンガーの未来主義的な美の概念はこれに応じようとするものであった。爆撃機の大編隊が大都市の空を覆う光景は彼の美的な原現象なのである。

没落幻想の建築学的受容は建築物の廃墟に価値ありとする理論で頂点に達するが、これは論理的にまったく首尾一貫している。ナチの美学者はパラノイア的炯眼でもって破壊にも屈せず生き延びるであろうものの容貌を思い浮かべながら新しい「世界・首・都」の計画を練っていた。大都市は戦場としてかつ廃墟の風景として歴史に参入すべきだとしてである。

ヒトラーの偉大な建築家アルベルト・シュペーアの製図板の上の大都市ベルリンの想像上の破壊の後に、連合軍の空襲による現実の破壊が続いた。シュペーアは都市像を全体的に幾何学化し、このメトロポリスにただ巨大な平面だけを残し、その中に代表的な建造物を記念碑的に聳え立たせることにしていた。爆撃機の大編隊が来る前に測量偵察機を飛ばして、おそらく絨毯爆撃の対象にならないようにと、この大都市の心臓部と生命線に印をつけたことだろう。(6)

今日の大都市の容貌を見れば、西欧の没落が実際に起こっていたことを窺わせる。今、破滅の美学を面白がるのではなく、文化の復活という嘘に囚われまいとする者は、没落の中で自由になる力にすがらねばならない。しかし没落の時代にも衰退の中にほとんど見分けがつかないとはいえ、ユートピアの動機が潜んでいる。ボードレールの「屑屋の葡萄酒」とアンディー・ウォーホルの「がらくた」の間に大都市の追放された部分の美学が繰り広げられる。

「大都市の衰退」――シュペングラーはこの「大都市の」の「の」を「目的語的属格」と見て、大都市を没落させると読む。つまり大都市は民衆の歴史的な汚物を集め、それを積み上げて魔的な亡霊の塔を作り上げているからである。他者は匿名であり、あまりにも多くの者が未来に対しては盲目であり、自分の起源は忘れ果て、文化を破壊し、歴史をポスト・イストワールの凍死へ追い込んでいるとシュペングラーは言う。都市に住む農民のように、シュペングラーはあまりのあわただしさを感じ、そのショックに悩む。メトロポリスの道路が集団の住居になりうるなどとは彼には考えられない。彼は現代の世界都市を田舎と断固として区別していて、古代と近代の建築学上の弁証法を見誤っている。シュペングラーが目にするのは、近代都市のコンクリートの荒野、合理的画一性の跋扈だけであって、迷路の謎への弁証法的先祖帰りを見ない。演出されたメトロポリスはこの古代の建築の夢を実現しているというのにである。

大都市の魔力は芸術的に照明を当てられる可能性を前提にしている。パリが十七世紀の終わりに照明監督官を置いて、大都市の夜の安全を保証して以来、メトロポリスは光の都市に発展してきている。パリのパサージュのガス灯とともに、大都市の住民の知覚領域から星空の追放が始まる。大都市の住民にとっては、月が昇るのか、昇るとしてもそれはいつか、金色の星が輝いているのか、を知ることも難しくなっている。人工照明が昼と夕暮れと夜の移り行きの経験を消し去っているからである。ベンヤミンが見事に指摘しているように、大都市の住民に今日、頭上の星空の崇高さとの類似でモラルの掟を確認するのは難しい。大都市の内部からの輝きは勝ち誇って空を覆ってしまっている。しかし町中のイルミネーションは行くべき方向を照らしているのではなく、大衆の目を誘い寄せているのである。人工の光そのものが福音であって、この都市照明は素晴らしい光景としてすべての者に提供される。「都市の夜はそのものが全体照明のおかげで一種の興奮の渦巻く永続的な祭になる」(7)。

ガス灯に照らされた十九世紀の大都市は今日ではむしろセンチメンタルな感情を呼び起こし、天空の冒瀆的な軍備縮小だなどとは思われないのだが、このことは何よりも、われわれにはとっくに強力な光のショックが自明になってしまっていることと関連している。つまり大都市は今は完全に電化され、輝くネオンの光に包み込まれているからである。一九二八年の十月のある週の意味は、「光溢れるベルリン」のタイトルでこの世界都市をもっと明るい光で満たすことに尽きる。それ以来、建築は映画技術的容貌をもつことになる。とっくに全体照明の祭りが、電化された世界の規範になっていたからである。それゆえ二十世紀の光に溢れた大都市にとってはあるのはただ一つの出来事、つまりたとえば一九七七年七月十四日のニューヨークにおけるような大規模な「停電」である。「すべての電気が消えてしまったとき、これまでの幸福な時間は一体何なのか」(8)。

イルミネーション、光の効果、光の演出からはっきり示されるのは、世界都市の「映画技術的」建築において建物の照明が問題なのではなく、光の純粋に構成的な使用法が問題だということである。大都市を目に見えるようにするには、全面的な技術的操作が要る。太陽の光も反射鏡システムによって建設的に利用される。メトロポリスの映画館の穴蔵のようなところから出て太陽の光のもとに向かうべきだとの考えは、それゆえメタファーとしてもますます実現の難しいものになる。伝統的に太陽の光と同一視されていた真理とか自由という概念にとってはこのことがさまざまな帰結をもたらすことになる。空を見上げて出来上がっていた自由な展望はメトロポリスではむなしいものになる。

夜の領域においては、顕微鏡標本を見るような見方が持ち込まれ、これがために目に見えるという一般的な媒体の中であたりを見回す自由は排除され、近代の人間は強制的な見方が支配する情況にますます巻き込まれることになる（……）人間はさまざまな形態を照らし出す〈イルミネーション〉の技術的な光によって他人の意志による見方を強制され、古代の〈天空の観察者〉とその観察の自由とは歴史的にまったくの反対者になっている。(9)

星空を観察することでかつては自由な見方が形成されていたのに、その星空の魅惑と競合することは大都市の光の建築物にはもはや耐えることはできない。

＊

すでに久しく大都市は文字で書かれた生の変化の舞台であって、公文書館が置かれ、官僚機構の所在地でもある。それに応じて支配形態は高度に抽象的なものになって、それはもはや外から見たその容貌によってではなく、公文書を調べることによってしか事情に通じることができない。石のように硬くなった抽象——これは二十世紀初頭のオスヴァルト・シュペングラーやゲオルク・ジンメルの基本的な大都市経験である。大都市では過激な脱魔術化そのものが魅惑するものになる。抽象がメトロポリスの魔術の代用品なのである。論理は精神の金銭であるという有名なマルクスの言葉は、金銭主義と知性という大都市の抽象の二つの代理人である。高尚化のシンボルである金銭は、世界都市の心臓であって、純粋な、内容が中立的で、無際限な流通形式である。世界都市の支配構造を個人化するすべての試みがこの形式に乗って流れて行く――その「スカイライン」が金銭の絶対支配の国家主権を現す国章になる。

大都市は自分ではないものに徹底的に依存していて、それゆえにこそ自分ではないものを排除しようとする。このゆえにその反自然的特徴とその現実関連の抽象性が強まる。メトロポリスは純粋の人工物――「すべてが人間の作りもの」なのである。しかしこの人工性がラディカルに終焉を迎えるときがあって、そのときには、この人工性は具象性喪失に代わる代償物を提供することになる――漸進的抽象の重荷を無制限の空想の喜びに解釈変えしなければならない。歴史以前には洞窟のイメージであったものが、ポスト・歴史においては現実的に都市のイメージに食い込んでくる。ここにも「都市の非現実性の中に美的なものの絶対的チャンス」を認めるアンチ・ルソーの活躍する時間がある。

ハンス・ブルーメンベルクは、大都市を文明以前の洞窟の、新しいメディアとテクノロジーをもってする反復と解釈していて、そうした考えはその後も受け継がれている。それによると、大都市の最も重要なメルクマールは、大都市に特有ではないすべての現実の徹底的な「遮蔽」、つまり外部のものの忘却、無条件的な「現実からの離反」[10]である。大都市の住民のすべての経験はこれに合致していて、彼らは現実関連が最小の場所で、最大の刺激の洪水にさらされているのである――ディスコや映画館を考えてみればいい。しかし普通の交通の場においても、大都市の騒音は遮蔽幕としてわれわれを包み込み、それは目に見えないのはもちろんだが、もはや明確には聞き分けることもできない。これはゲオルク・ジンメルが大量輸送手段にはっきり見て取っているところである。

十九世紀にバス、鉄道、市電ができる前には、人々は顔を合わせば何分間かでもお互いいろいろと話し合ったものだし、何時間も話もせずに向い合わねばならないようなことはなかった。近代の交通は、人間と人間の間のあらゆる感覚的な関係の圧倒的な部分に関するもの、この今もなお増加し続けているものの判断を単なる視覚に委ねることになって、それゆえに全般的な社会学的な感情の前提をすっかり変えてしまわねばならない。耳で聞く人間と比べてただ見るだけの人間のもつ（……）何とも大きな不可解さは（……）近代の生活上の問題性に、つまり生全体における方向喪失感、孤独感、四方の扉を閉ざされているという感情に、確実に寄与している。(11)

哲学的修練を積んだ観察者たちには再三、メトロポリスの洞窟居住者のこうしたイメージが押し寄せて来る。ルイス・マンフォードは、メガロポリスの神話をプラトンの洞窟の比喩に移し入れ、大都市は禍を防ぐための技術的な補完物であって、われわれを変化に富む影の世界に、つまり紙やセルロイドや録音テープやスクリーン上の出来事に縛りつけることで、現実の脅威からわれわれを守ってくれるものなのである。メディアの魔法のヴェールが、存在することの傷の上を覆って麻酔薬のように痛みを抑えてくれる。生から身を守るためには、人間は大都市の神経をすり減らす生活に慣れねばならない。画像と記号の洪水は麻酔薬的な役割を果たし、批判的な距離を取ることはなく、メディアの巻き散らす「死の灰」をただ分配するだけである。「大都市と精神生活」についてのジンメルの今なお権威ある研究のこの上なく優れた洞察の一つは、大都市の住民の抽象的で冷ややかな分別をデータの洪水の配分技術と見たことである。主体にかぶせるコンドームとしての知性主義である。大都市の住民は舞台に登っても

「冷静で」、計算高く、即物的で、無頓着である。そこでは印象は急速に移り変わり、情報は溢れ、肉体の矮小さと出会いの多彩さに絶えず責め立てられ、そうした神経刺激の一つ一つに相応の反応を示すことができない。こうした場合に用いられる「高慢さ、思い上がり」という概念をジンメルは「諸事物の区別に対する鈍感さ」、「新しい刺激に対してそれにふさわしいエネルギーでもって反応する能力の欠如」と定義している。(12)

刺激に対する思い上がり、他者に対する冷淡さ、世界を犠牲にしてまでの自己保存、これらは疎外された世界の症候なのではなく、大都市で生き残るための単純な必需品なのである。

大都市の交通は押し合いへし合いして、多彩に入り組んでいて、あのように心理的に距離を取らなければ、とても耐えうるものではなかろう。現今の都市文化の商業的、専門的、社交的交流の中では、途方もなく多くの人間と体を寄せ合っていなければならず、もし交流のもつ性格をあのように客観化して、内的境界と控え目な態度を持ち込んでいないなら、感受性が強く神経質な現代人は完全に絶望しているであろう。(13)

思い上がりがある一方で控え目な態度を取りながら世界を軽視するのは、他者の要求と期待に対して身を守るための大都市住民の免疫戦術なのである。反都市感情には匿名性の弁証法がない――こうした弁証法があれば人間は自己確認の重荷から免れるであろうのに。そして人間のこの匿名性に対応しているのが、登場する舞台の無名性である。世界が大都市になって以来、誰しも結局はつねにこの大都市に生きているわけで、メトロポリスは世界の同時性と緊急事態（l'état d'urgence）を演出しているのである。

ポール・ヴァレリーは、摩天楼をじっといつまでも眺めるのは無意味だと述べているが、こうした建物は高速度で受け止めるべきものであって、あまりに長い時間じっと眺めると、その本当の姿が見えなくなるからである。アンディー・ウォーホルの映画「エンパイア・ステート・ビルディング」にもこのことがはっきり出て来る。もはや瞑想はノーマルではなく、ノーマルなのは都市の高速道路の上や高速エレベーターの中での散漫な受容なのである。世界都市は文明史の舞台ではなく、総動員のメディアである。都会的な実体の変化、動く建築、都市のキネティックアート。空港の建物はとっくにわれわれの通過都市のひそかなパラダイムになっている。この通過都市は大都市住民を永遠の通過旅行者に変えてしまっている。彼らにとっては今や実際に「住むという自動詞の他動詞化」[14]が自明のことになっているのである。

2　ポスト・イストワールの美学

つまりすべては引き裂き、引き裂かれねばならない、ただ画布だけは別だ。
——H・M・エンツェンスベルガー

「われわれは今、モダニティーの悪夢から目覚める過程にいて、その操作的な理性と全体性という呪物でもって、ポスト・モダンのゆったりした複数主義へ、自らを全体化し正当化するノスタルジックな衝動を拒否したライフスタイルと言語ゲームのあの異質な領域へ向かっている」[15]。ところで近代（モダン）そのものが目覚めることの必要な悪夢なのか（ベンヤミン）、それともモダニティーは歴史がそこで悪夢になるという哲学的視点を示すものなのか（アドルノ）、これについてはここでは踏み込まないことにするが、決定的なことは、ポスト・モダンというタイトルには、歴史がモダン自身を追い越してしまっているという経験が明示されていることである。

「ポスト」という前綴りには「〈その後のある〉という感情」が表現されていて、したがってまずはモダンと呼ばれていた胸苦しさからの解放の瞬間が示されている。しかしこの新しい時代が今は新しいものとして地保を固めてはおらず、「ポスト」の画期的なプロジェクトはない。何がやって来るかを知らないことは、アヴァンギャルドの強制的に提供するものから逃げ出したばかりの生にとっては、この上なく特異な刺激になる。ポスト・モダンは、未来を空想することの不可能性に対する皮肉な合意なのである。

ポスト・モダンをモダンの悪夢からの覚醒の姿と捉えるためには、多神論の復活というマックス・ヴェーバーのモダニティー規定を思い出すのが有益である。モダンの世界の脱魔術化された多神論においては、宇宙は互いに関連のない価値領域に分解してしまっている。このことは分離独立とも呼ばれる。そして価値の秩序が不統一であるゆえに、それらの間の戦いに決着がつくことはない。それぞれの価値を代表する神々聖なるもの、美しいもの、良いもの、真なるものが互いに敵対し合っているのである。そして価値の秩序が絶え間なく戦っている。ヴェーバー自身の言葉で言えば、古い多くの神々が脱魔術化され、それゆえ非個性的な力の化身となって、彼らの墓から這い出して来て、われわれの生に君臨しようと努め、互いに再び彼らの永遠の戦いを戦い始めている。しかしまさに近代の人間にとって極めて難しくなること、若い世代にはこの上なく難しくなることは、このような〈日常〉に耐える力をもつことである。(16)

しかしまさにこのことがポスト・モダンの要請なのである。ポスト・モダンはさまざまな価値を代表する神々の戦いを宥めながら、それを言葉の遊びの不可知論に持ち込む。勝敗を決めるのはもはや犠牲の数ではなく、選択なのである。

モダンにあっては価値諸領域の「多神論的な」分離独立の中で存在論は衰えを見せていたが、ポスト・モダンの今、その衰退度はさらに強まって、不確実なものに支配されるまでになっている。ここでは科学史上の二つの重要な鍵を挙げるにとどめる。ハイゼンベルクの不確定性原理とゲーデルの不完全性原理である。ヴェルナー・ハイゼンベルクは素粒子の場と運動量を同時に測定することは不可能であることを示していた——一方の測定が精密であればあるほど、他方の規定は不確定なものになるからである。それゆえ現象全体にとって正確さは存在せず、あるのはただ統計学だけなのである。クルト・ゲーデルの方は、矛盾のない自明の定式とされる数理論のすべてに決定不可能な命題が含まれていることを証明していた。より一般的に言えば、理性的な演繹システムのすべてに、このシステムに関連する命題の中にその真理が証明されえないものが含まれているのである。そのかぎりで、システムは必然的に不完全なものなのである。

科学的に証明された新しい不確定性は今やポスト・モダンの世界に二つの特徴的な勲章を与えることになる。偶然性と複数性である。それは偶然の世界であり、多くの可能な世界の中の一つの世界にすぎない。人間はもはや主体として世界の具体性に向き合うのではなく、空間の時間化と時間の空間化のプロセスの中に溶け込んでいる。カリネスクはこの関連で恒久的な「時空の」変化について語る。自己が粉々に砕け解体しているというこうしたポスト・モダンの経験は、哲学的自己合意として、すでにニーチェが準備していた言葉にまで遡る。ニーチェは自己を脱魔術化し、多数の空虚な場所としているのだが、これはポスト・モダンの「演技する自己（パフォーミング・セルフ）」にきっかけを与えるものなのである。

ところでアメリカのポスト・モダンのネオ・グノーシス派の中には意識の新しい直接性を問題にする者がいるが、これは誤認であって、メディアの効果にすぎない。というのも、至る所で時間の範囲が収縮し、センセーショナルな見ものやハプニングのインスタント形式が支配的であるのは、マスメディアの技術的な有利な条件とそれによって形成された環境に正確に対応しているからである。ポスト・モダンの徹底的な内在性を指摘することには、それなりに十分な、つまりメディア美学的な意味がある。新しいメディアには彼岸がないからである。「ポスト・モダニズムは（……）基本的に二〇年代末のメトロポリタン文化の中で予測されてきていた。映画、テレビ、ビデオの電気的シグナルの中で、レコーディング・スタディオ、レコード・プレイヤーにおいて、ファッションや若者のスタイルにおいて、現代の都市という巨大なスクリーンの上で日常的に混ぜ合わされ、リサイクルされ、こすり合わされるこうした音やイメージや多種多様な経歴の中で予測されてきた[17]」のである。

プログラムとしてのポスト・モダンは統一を——より正確に言えば、芸術と科学と生活様式の「交錯（インタープレイ）」を——目指している。それゆえその実践の上位概念はパフォーマンスである。その行動や演出のどの一つをとっても表面を離れるものはない。そこで用いられる素材は構造化されることも組織化されることもなく、断片化される。典型的なポスト・モダンのテクニックは、モンタージュ、コラージュ、引用、並列、パラバシス〔古代の喜劇での合唱団の観客への社会的風刺を訴える部分〕、パスティッチョ〔既存の作品の有名な部分をメドレー風に繋ぎ合わせたオペラ〕である。その独特の定角軌道に従って動く時間の断片の中で生きかつ考えるのである。

こうしたテクニックはどのような解釈からもできるだけ遠く離れていて、それゆえポスト・モダンの綱領文書には「解釈に抗して」と謳われる。ポスト・モダンは、芸術作品の推定される深い意味を探るのではなく、不確定性の魅力に賭ける。その際、ポスト・モダンは、一つのメッセージの不確定性が大きければ大きいほど、参加、関与、表現の具体的実現のチャンスと必然性は大きくなるというメディア美学者マクルーハンの中心的定理に従う。

J－F・リオタールが試みているような、ポスト・モダンの哲学的理由づけにとって重要であったポスト・モダンの特徴的なモティーフに、何かを提示ないし代表することの不可能性がある。ここで問題なのは、かつてカントが崇高なものの理論で述べていて、今日では恐怖（ホラー）の美学の核心になっているもの、つまり考えられはするが、表現できないものである。「ポスト・モダンは、モダンにおいては提示できないものを提示そのものの中に引用するようなものであろう」(18)——リオタールのこの文章は、フランス語の動詞「引用する（allēguer）」で、このポスト・モダンの基本操作のアレゴリーの形式への関係をはっきりさせている。

＊

ポスト・モダンの美学のこうした規定にもかかわらず、明らかになる一つのことは、芸術がもはや社会的生活の弁証法的、アンチテーゼ的関係では捉えられないことである。美学はポスト・モダンの世界の指導的科学の座に登ってきたのであって、芸術はもはや批判的ないしユートピア的審級としてではなく、生の刺激、社会の警報システム、現実探求のゾンデとして機能する。「トランス・アヴァンギャルド」の創始者アキレ・ボニート・オリーヴァは、芸術の生物学について語り、芸術を遺伝上の選別の場所と捉え、ニーチェの要請であった自然科学的美学、芸術の生理学を実行に移す。近代の自律的に精神化された作品の代わりに、周囲世界を感覚化したものがプログラム化される。

芸術は新しい感受性のメディアになる。その際、メディアはマクルーハンの言う意味で言葉通りに「人間の延長（extension of man）」と受け取られねばならない。実質的に全体芸術作品になっている生の中では、芸術は「センセーションのプログラミング」（S・ソンタグ）として機能する。こうなると、社会性活のこの美的なプログラミングは、美的なもののあの生理学的な退縮なしには考えられないことを知るのが決定的になる。逆の言い方をすれば、生活世界の美学化のために芸術の卑俗化が行われるのである。

ポスト・モダンのこうした美学が当初は建築の領域で展開されたのは偶然ではない。というのも、建築はここ久しく生と芸術の最も重要な交差点だからである。そしてここでポスト・モダンの論争的指数も厳密に規定される。ポスト・モダンは新即物主義の仮象をもたない機能的な世界に対抗するものなのである。ル・コルビジュエの「住宅機械」と言われたアパートがモダンだとすると、「でっち上げられた場所としての建築物」(H・クロッツ)がポスト・モダンなのである。場所をこのようにでっち上げるのは、機能一辺倒ではない受容価値を建築物に供託するからである。ポスト・モダンの芸術家はそうした価値で日常生活上の些細な要求ばかりでなく、洗練された美意識のきめ細かな受け入れ需要に仕える。客に対して二重の意味で代理人を勤めていることになる。チャールズ・ジェンクスはこの関連を建築の二重のコード化と言う。教養文化と娯楽文化があるという意味での「分裂症的コード化」である。幾重ものコード化は通俗的で散漫な芸術享受と、この上なく洗練され、芸術の歴史を意識した受容とを、一つの同じ対象の中に組み合わせていることになる。ポスト・モダンの芸術作品は、見る楽しみ、体験する楽しみとともに専門家の評価をも刺激することで、モダンの美学にとって特徴的な、批判的態度と享楽的態度の間の溝に橋を架け渡す——批評と享受は、受容という行為において重なり合うのではなく、作品という場において相応の権利が認められるのである。批評家と芸術家と観客なり読者の間の「ギャップを閉じること(Closing the gap)」がレスリー・フィードラーのスローガンになる。彼にとっては、批評と享受の間の近代の溝にこのように橋を架け渡すことが神話的な無垢の状態への帰還に匹敵するものである。フィードラーはマクルーハンのメディア美学を引き継いで、「機械のサポートの中での、機械のサポートによっての種族の生活」を宣伝する。

このことはマーシャル・マクルーハンのメディア構想を背景にしてのみ理解できることである。その際、本質的に重要なのは、人間のエレクトロニクス的拡大を人間の外にある装置と考えないことである。

エレクトロニクスはわれわれの中枢神経系のグローバルな拡大なのであり、中枢神経系はそれ自体われわれの感覚を調整する電子の網と考えられるからである。それゆえわれわれは、ポスト・モダンの世界の容貌を決めている二つの基本的事象——つまり一つは中枢神経系を新しいメディアに譲り渡していること、もう一つは意識を電子的シミュレーションを行うコンピューターへ移していることである。「偶然に配置された発信機があればそれで十分。IBMの世界帝国。明日は関係の絶対帝国。実体の終焉。(……)われわれが飲み込むのは電波だけ[19]」なのである。

メディア環境がそれ自体から創発的に進化して来て以来、特殊な意味をもつ歴史はもはやない。新しいメディアはすべての蓄積された過去へ直接に摑みかかることができる。電磁波によって形成されたこの領域、厳密な同時性の領域を、マクルーハンは「世界村 (global village)」と呼んでいる。これはハイテク条件下の神話的な即席性と同時性の帰還である。レスリー・フィードラーが「機械の中での種族の生活」を約束するのも、この意味で理解しなければなるまい。

新しいメディアの電子的領域には過去の映像世界がデータバンクに貯蔵されていて、いつでも呼び戻すことができる。ここでの歴史の神話的な世俗化には、当然、狭い意味での美的実践も刻み込まれている。チャールズ・ジェンクスはこれを「イメージ・バンク」と言うが、これは造形可能なものの想像上の博物館であって、建築家はここでこの上なく異質な言語で自己を表現することを学ぶ。まったく違ったものを求める近代の試みに代わって、自分とは違っているものとのポスト・モダンの戯れが登場する。選択の可能性をもつ文化が、自らの自然な進化の図式を折衷主義の中に認めることになる。ジェンクスは「ラディカルな折衷主義」を極力要請する。ポスト・モダンは芸術の歴史の全体に対して美的な自由という関係をもつことになる。

これがヨーロッパにおいて顕著に表に現れる。近代が自らにとって歴史になったからであり、ヨーロッパを博物館に変えているという強調された意味において、ヨーロッパは歴史の卓越した舞台だからである。それゆえこの博物館を二十世紀の全体芸術と呼んできたのも至極当然のことである。アヴァンギャルディズムの脅迫ノイローゼからわれわれを解放するとの約束は、歴史主義と折衷主義に安んじて身を任せる制度にある。ヨーロッパという博物館は、近代を引用し、近代を過去のものとしてアイロニカルに新たに考えることで、つねに絶対的に近代的であれという特殊近代的な強制からわれわれを解放してくれる。

＊

こうして見ると、ヨーロッパという美術館は、自分自身にとって歴史になっている近代が、そのアイロニカルな敵対物としてのポスト・モダンを排除しているさまが学べる最適の場ということができる。J-F・リオタールはこうした哲学的基本経験を簡明な概念にしようと試みているが、ポスト・モダンを近代の後に位置づけるのではなく、近代に抗するものともせず、「それはすでにそこに含まれていた、しかし隠された状態で[20]」と言う。それゆえリオタールはポスト・モダンをモダンの「到達点（terminus ad quem）」として理解するだけでなく、モダンの「出発点（terminus ad quo）」とも理解する——その時間構造は未来完了のそれである。前綴りの「ポスト」は、その時間性が「それは存在していたであろう」という発言で表現される事情の指数とされてもいる。

このことのためにポスト・モダンのテクニックは精神分析のそれのすぐ近くに押しやられることになる。ポスト・モダンの電子的な引用のテクニックは、夢判断においてその日の残りの部分を活用するのと正確に対応している。それゆえ、リオタールがフロイトの精神分析の用語を用いて、近代を「十分に検討し」ようとするのも驚くに当たらない。ポスト・モダンはモダンの想起(アナムネーシス)であり、モダンの中で忘れられていたものの推敲なのである。ポスト・モダンは脱構築されたモダンであり、この脱構築は無意識なものの論理で鍛えられてきている。

しかしリオタールのポスト・モダン論が有名になったのは、「大きな物語(grands récits)」ないし「メタ物語(meta récits)」という概念によってであって、これは近代の本来の特徴なのだと言う。言わんとするのは、西欧の合理性の正当性を宣言する大きなディスクルス、とくに啓蒙と進歩の構想である。ヘーゲルの哲学は近代の正当性のこの大きな物語を要約し、総括したものであるために、リオタールにとってヘーゲルは思弁的な近代の頂点を示すものである。こうしたヘーゲル評価は、アレクサンダー・コジェーヴの解釈によって準備されていたものである。

近代の特徴があの「大きな物語」であるなら、ポスト・モダンの哲学的根本経験はこのメタ物語信仰の凋落、知のメタ物語的正当化の危機と規定される。ところで、リオタールにとって決定的に重要なのは、この「大きな物語」への信頼性の失墜を再びその没落を描くメタ物語の中に流れ込まさないことである――このことのゆえに、ポスト・モダンの哲学はフランクフルト学派の批判的メタ物語、つまり否定的かつ批判的に今一度ヘーゲルの課題を継承しようとする「啓蒙の弁証法」や「否定弁証法」と区別される。

近代の大きな物語、正当性を主張する物語が崩壊すると、日常生活の物語の織物、つまり「小さな物語（les petites histoires）」に対して違った見方ができるようになる。日常の不均質な言語ゲームや言語の部分部分の実用的感覚の中で、差異や測りえないものに対する新しい感受性が表現を見つけ出すことになる。

不均質な言語ゲームというリオタールの構想は、もう少し詳しく見ておく必要があろう。リオタールの言語ゲームというこの概念はもちろんヴィトゲンシュタインを受け継いだものなのだが、不均質なものが強調されているのは興味深い。よく考えて見ると、不均質な言語ゲームというリオタールの構想は、人間の能力についてのカントの教義の再構築であることが分かる。人間のさまざまな能力は越えがたい溝で互いに切り離されているとカントは見ているからである。これがリオタールの構想の動機になっていて、「カントに帰る」ことで、絶対知と自己自身を理解する概念というヘーゲルの全体性に反対する。リオタールのスローガンはそれゆえ、全体に対する戦い、測りえないものの発掘、衝突する意見の総動員なのである。近代には言語の救いがたい混乱と見え、大きな物語で克服しなければならないとされたものが、言語ゲームの複数性の中でほぐされる。ポスト・モダンはバベルを幸せな町と考えている。

「神は全知全能の作者であった。しかし神は死んだ。今は誰一人筋書がどうなっているのか知らない[21]」。これはニーチェがヨーロッパのニヒリズムとして描いたあのプロセスを簡明に表現したものである。それは西欧の正当性の否定のプロセス、大きな物語に対する信頼の消失のプロセスであって、そこでは認識の思弁的ヒエラルヒーが崩れ落ちている。西欧の知の崩壊の後に「普遍的なメタ言語」が公理に基づくシステムの複数性に置き換えられる。近代伝説は不均質な言語ゲームの中で崩壊する。これがポスト・モダンの自覚的なプラグマティズムの動機である。リオタールはこれを「理由の理由などは、枠なしでは表せない」と簡潔に言ってのける。[22]それは日常生活と呼ばれる小さな物語の織物の中に織り込まれているのである。

しかしこんなことでは不均質な言語ゲームというリオタールの概念はまだ汲み尽くされてはいない。そうした言語ゲームがそのカント的な激しい離散状態にもかかわらず、なおかつ互いに関連し合っていることの解明が必要であろう。そのためには発話を規則に導かれた意図的な行為と捉えるミシェル・セールの言語行為理論が役立つ。これに依拠して、リオタールは発話行為の不可知論に対して日常の物語的織物の意味を透けて見えるようにすることができた。言語とは、発言競争の中で主体同士を結びつけ、それら主体に行為の余地を開く社会のきずななのである。

リオタールの言語哲学にはそれゆえ幾つもの攻撃姿勢が目立つ。言語ゲームの複数主義は大きな物語の要求をはねつけ、発話行為の不可知性は会話とコンセンサスを目指すコミュニケーション・モデルに異議を唱え、社会的なものの中での言語のゲーム性というリオタールの構想もサイバネティクスの情報理論に立ちはだかるものである。

この最後の攻撃姿勢には直接的な政治的指数がある。というのも、リオタールは情報のサイバネティクス概念を言語が資本主義に占領されていることの表現と捉えているからである。サイバネティクスのコンテキストでは、文章はコード化され蓄積されるデータと捉えられ、情報の経済的測量単位で測られるのだが、リオタールはポスト・モダンの彼の理念をこのコンテキストにおいてこの上なく厳しい論争的な意識で展開しているのである。彼はコンピューターがこうしたサイバネティクスのコンテキストの技術的補完であることを認め、新しいメディアを疎外の力として弾劾するなどということはまったくしない。そしてリオタールは、「意味喪失」の嘆きを、知がポスト・モダンの世界においては物語形式ではもはや仲介されえないという事情のそれ自身にとって不透明な表現だと考えている。

第二次大戦以来、遠距離通信とコンピューターが知の規約そのものを変えてしまって、データの洪水がポスト・モダンの第二の自然になり、データバンクが近代の百科全書に代わって登場する。それゆえサイバネティクスのコンテキストの中でポスト・モダンが進む方向としてリオタールは次の二つを要請する。

(一) 政治的に――完全な情報を伴っての社会的言語ゲームを可能にするために、記憶装置とデータバンクへの自由なアクセス。

(二) 美学的に――言語と情報の差異をはっきりさせ、哲学と芸術に測りえないものの究明の義務を負わせること。

*

ポスト・モダンの理念は、強調した意味での歴史の終焉の後、西側世界の風景が美的に晴れ上がっているというものである。つまり近代のアヴァンギャルディズムの強制から決別するだけでなく、同時に社会学者や人間学者がポスト・イストワールというタイトルのもとに下した重苦しい診断を美的に再評価しようとする。

モダニティーに対しては次のような三通りの考え方がある。

（一）賛成派。ユルゲン・ハーバーマスに従って、近代のプロジェクトがまだ未完のままであるとするような立場。この立場は弁証法的な動機に依拠している。近代芸術の理念は崩れ去って、近代のプロジェクトは挫折していると言うなら、ポスト・モダン領域が安全だというのは欺瞞なのである。このプロジェクトの実現がポスト・モダンへ入って行くときになおざりにされたのだが、「近代の精神に無条件に打ち込んできた」[23]思考は生き続けるはずであるとする。

（二）反対派。二〇年代のアンチ・モダンの反対派におけるような立場。アドルノがその最後の遺産相続人である。近代と批判原理は、同じ概念につけた二つの名前であって、リオタールがアドルノを近代の批判という花火の最後に打ち上げられたものとしてこれに別れを告げることができたのもこのゆえである。アンチ・モダンの反対派は、ニーチェを、あの近代に対して断固たる距離を取って生きた反時代的なニーチェ、近代の死後に生まれたニーチェを、旗印にしている。そしておそらくあの超人の教えはポスト・イストワールの結晶物に対する反抗の規範にほかならないのであろう。しかし文明によって硬化した生に異常なものによる途方もないショックを与えるというニーチェの望みを、ポスト・イストワールは裏切って、この望みを美的＝日常的に満たしてしまったのだと言う。

（三）ポスト派。ポスト・キリスト、ポスト・資本主義、ポスト・構造主義、ポスト・イストワールにおけるような立場。

たとえばポスト・モダンだが、この概念の論争的な意味は何なのか。何に反対しているのか。「ポスト」のついた合成語の流行の中に現れている願望は何か。そして自らを「ポスト」と経験している時代はどのような様相を呈しているのか。

　アントワーヌ・クールノーは、政治活動の情熱が沈静し、関心が現状維持に集中した文明の局面を初めて生き生きと描き出したものであった。諸勢力の徹底的な中性化によって政治システムは永続し、生のエネルギーのすべてを硬化させる。歴史は、無数の灌漑用水路に流れ込む川のように、ばらばらに解体していて、社会が学問的に調整されるやいなや消えてしまうようなその場かぎりの暫定的なものになっている。世界は事実に関する知識の中で安定し、生の秩序は有機的なモデルによってではなく、組織的なモデルによって確立される。絶対的な結晶化の最終段階がまもなくやって来て、人間はシロアリのように無限の決まりきった手順と出来事の連鎖の殻の中に住むことになる。こうした静的な時代には、歴史以前の時代の安定性が再び達成され、危機もなく、意識もなく、自由もなく続いて行く。そしてこ、のことは最後にはこの人間もないということを意味する。

　それゆえポスト・イストワールにおいて問題なのは、一つの没落局面としての西欧の没落ではなく、歴史からの離脱である。歴史は手詰まりになったチェスのように終わる。アルノルト・ゲーレンはこの関連で停滞した補助秩序ということを持ち出す。これは存在を固定化し、昔の自然秩序の神話的な力でもって支配するものである。ポスト・イストワールは茶番としての永遠の平和につけられた名前なのである。しかし歴史の形式が空洞化して以来、歴史への郷愁が起こって来る。そしてわれわれの時代にはもはや方向転換はないので――アメリカの平和への方向転換は別にして――、歴史の要求は神話の標識をつける。理性の奸計の代わりに、歴史のカーニバルのイロニーが登場する。

ポスト・モダンの芸術はポスト・イストワールの結晶化に抵抗しようとする。それゆえ美学が現代の指導的学問に昇進する。技巧家がその主人公であり、忘却の川レテでの立ち泳ぎが彼のトレーニング・プログラムであり、万華鏡が彼のお守りである。というのも、ポスト・イストワールとは、近代が逃げ道のない絶望的なものと思われる瞬間だからである。このことからポスト・イストワールは静止状態がぐるぐる回る色あでやかな世界である万華鏡に手を伸ばすことになる。これがポスト・モダンと呼ばれる歴史の終焉の後のあの美的な晴れやかさの理由である。

そしてわれわれ、とくに知識人たちは、この「ポスト」の時代には何と呼ばれるのであろうか。新しいシニシズムへの道は美的なるものを通って行き、破局の映像の前での硬直性痙攣を弛めてくれる。黙示録はとっくに商品性格を帯びていて、映画の中でも大量生産されている。そしておそらくは黙示録はメタファーとしてここ久しく分析的思考を遮断してきていたのだろう。それゆえわれわれは終焉のこの果てしない計算を打ち破らねばならない。

3 「かのように (als ob)」の政治

権力の補足としての虚偽——〈真理〉の新しい概念
——ニーチェ

第二次大戦終結後、つまり世界の危険な政治的取引のために大きな政治が成功する期待がすべて潰されて以来、政治的レトリックの徴候が次第に増えてきている。このためのキーワードは、今日ではもう過去の歴史になっているが、「冷戦」である。そして一度スパイ小説を読んだ者なら誰にでもその理由が分かっている。情報が介入なり調停を不可能に、ないしは余計なものにしているのである。政治についてのすべての古典的概念を定義する個人の決定、代表機関の決定という契機はとどまることなく消えて行っている。政治システムの技術的即物的な自己調整の中で決定の必要がシミュレーションされるだけでいいのだと言うこともできる。こうした成り行きの地平線にレトリックを用いる政治が頭をもたげてくる。ハンス・ブルーメンベルクは次第に無力になってゆく権力のパラドックスが単なる「言葉の政治」によってパラドックスでなくなるとしているが、これは論理的に首尾一貫していると言える。つまり本来の意味で介入して来る政治の結果責任の冷静な評価は、永遠に続く対話の、つまりはいつまでも続く議論の称賛の中に流れ込むからである。それゆえ「空騒ぎ」こそがこうした「かのように（als ob）」の言葉の政治を極めて積極的に表現したものと言えよう。

ところで最近になって、再び政治の舞台に別の歴史の徴候を読み取ることができると思う者が現れている。西側がポスト・イストワールの中で、つまりは歴史の終焉の後の時代に、ますます住み心地が快適になっているのに対し、東側ではもう一度歴史が起こっているように見え、革命についてさえ、もっとも平和的な革命ではあるが、話題になっていた。しかしすぐまた失望感が湧き起こって来る。人間の顔をもった社会主義の第三の道という知識人の夢は満たされず、スターリニズムから解放された大衆は、通俗的なものの魅力、ドイツ・マルクの魔力の資本主義的な満足感に屈服する。よくよく考えてみると、東側におけるこの大きな変化もまた、ポスト・イストワールの予言者たちによって予言されたアメリカ流の生活の普遍化を促進するものなのである。歴史はただ「かのように」しか起こらない。

このことは政治のアクチュアルな概念にさまざまな影響を及ぼす。このことをはっきりさせたいと思う者は、政治家たち自身に尋ねても仕方はない。彼らは相変わらず過去の仰々しい儀式を繰り返しているのだからである。先頃「コントロールされたカオス」としての通貨統合のメディアによるDDRの統合を描いた冷静な経済小説が書かれたが、この方がはるかにうまく説明してくれる。世界を描き出すという適度なカテゴリーとしてのカオスは、秩序を乱すものではなく、秩序のダイナミックな体系そのものなのである。かつてはコスモスの対称、つまりは秩序の対称をなす反対概念であったカオスは、今日では散逸的な現実の、つまりは散乱と分割の世界の、符号と見られるものになっている。ここには政治という更新された概念にとっての行くべき道がはっきり示されている。計画的な理性のユートピアからせっせと働く科学への道である。あるアメリカの科学ユーモア作家は新しい「何とかうまく切り抜けて行く科学」なんてことを言う。

ニーチェがまだ偉大な政治として期待していたことは、哲学的に言えば偉大な幽霊戦争において実現するのであろう――現実の政治は今日では歴史の廃棄物をこねまわす素人細工的な間に合わせの仕事(bricolage) であり、不利益をできるだけ避けようとするだけのものである。本来介入するはずの政治が「かのように」の実践に、カオスのコントロールに後退して、このために、社会システムをふさわしい形でイメージすることができなくなっている。最先端の科学は、今は、社会を決定権限の分散しているる神経系と捉えるようになっている。政治的コントロールのできる場所はそれによればシナプスないし中継（リレー）のように機能するにすぎない。

それゆえ政治はもはや可能なことをする技術ではなく、推計学的プロセスなのである――つまり脱魔術化された政治学は、偶然に依存する出来事の統計学の部分領域以上のものではありえない。代表権をもつ個人の独裁的決定が政治という古典的概念を形成していたのだが、そうした決定は今日では推計学的プロセスと社会的な仮決定になり下がっている。これは外部事情による強制としか言えないもので、政治の本質的な決定はすでにつねに社会の自己調整メカニズムによって事前に決められているのである――これは現実のもののヘーゲルの言う理性のサイバネティクス的変種である。政治的意志の代わりに情報が表に出て来る。それゆえ古いスタイルの熱血漢的政治家は、政治的自己調整に努める専門家にとっては不愉快な存在になる。

この関連ではマックス・ヴェーバーの職業としての政治についての演説にもう一度目を向けるのが有益である。この演説のテーマは――情勢は異なっているものの――極めてアクチュアルで、周知のように、ヴェーバーは情熱的な戦いと自己責任を義務と心得る政治家と、「不偏不党の立場で（sine ira et studio）」、つまり自己否定の偉大な「かのように」のもとに働く官僚とを明確に区別する。ヴェーバーはこの対立を先鋭化して、次のような偉大な洞察に至っている。

厳しい倫理感をもつ官僚は、悪い政治家、とくに言葉の政治的な概念で責任感のない政治家、この意味で倫理感に乏しい政治家である。(24)

ヴェーバーの診断は純粋に官僚が支配する現代になって初めて本来の重要性をもつことになる。われわれはとっくに情熱的な政治家たちから決別しているからである。彼らの持ち出すのは原成岩のようなまさらどうしようもないことなのである。しかしあの厳しい倫理感をもつ官僚の政治的支配は、決定情況がまったく起こりえない場所を作り出す。これはヴァルター・ベンヤミンがかつて「客観的な虚偽」[25]と呼んだものである――「客観的」というのは、個々の政治家は主観的に「善意で(bona fide)」で行動していて、彼らの下にいる倫理感の厳しい官僚に従っているからである。

しかし「コントロールされたカオス」とか「客観的な虚偽」といったカテゴリーは純粋な記述表現であって、これを道徳的な評価のもとに理解してはならない。政治家は今日では何よりも公職にある者であり――ないしはそうなろうとしている者だからである。それゆえ公職にある者としての政治家にヴェーバーの言う情熱的な政治家という尺度を当てることは、正しくないだけでなく、理論的にも誤解を招くものであろう。つまり公職にある者に要求されるのは、正しい行動ではなく、ルティーン・ワークに従った過不足ない仕事、つまり政治システムの自己形成と自己調整である。この枠の中でのみ、誠実さへの期待も共感を得ることができる。

たとえば政党への献金事件におけるような外からのスキャンダルはこの場合は起こらない。というのも、その際にジャーナリズムに暴き出される嘘はシステム内部では政党の情況が脅かされるのを防ぐための非暴力手段とみなされるからである。こうしたスキャンダルがあることと、それが急速に終息することから、何か原則的なことを学ぶことができる。つまり、政治は今日では外部世界の諸問題と期待に対して政治内部のプロセスによってしか反応できないのである。それゆえ政治家はいつしか倫理的要求には不感症になっている。

今日では成果を収めることのできる政治家とは、過去を政治問題化することはやめて、政治をとくに機能システムに格下げする者だけである。コンピューターの時代にはすべてがそうであるように、今日、政治的なものには、イエスかノー、与党か野党、スイッチを入れるか切るか、選挙で当選するか落選するかといった二つの選択肢しかない。すべての政治的ロマン主義の化粧は剝げ落ちて、民主主義的な大衆はずる賢く最小の政治で満足し、支配者たちを選挙で解任することもできるようにしている。カール・シュミットは政治的なものにとって敵と味方が根本的な区別だとして、この区別は与党と野党の二元主義へ精神化された。ここでの二元主義を具体的に言うと、権力の座に就いている者は、近いうちに行われる選挙でまず間違いなく権力の座にいる権利を失うことを言っている。現実に巻き込まれて、結局は失望せざるをえないからである。そして「誰が判決を下すか」というカール・シュミットの重大な問いは、今日では、高級官僚の職がすんなり埋まることで答えが出される。

ニクラス・ルーマンは、政治的なものを分離独立さすためのコードを決めるにはこのことだけで十分であるのを示している。このコードは二元的であって、そのポストに就くか就かぬか、政府側か野党側かだけなのである。政治的なもののこのコードが諸政党の綱領に連動することはまったくない。つまり政治にあっては綱領を実現するために票集めの努力がなされるのではなく、当選のチャンスをできるだけ高めるために綱領が作られるのである。コードとプログラムの間のインターフェース、政党の公約と政治的なものの世界をその内奥で束ねているあの二元主義との間の偉大な出会いが行われるのは、周知のように、四年ごとに一回の投票の日曜日だけである。

選挙が実際に意味をもつのは、政治的なものをコード化するあの二元主義を再三教え込み、その弾力性を保つことにある。というのも、その都度の政府の正当性は、本来国民から与えられるのではなく、政治的態度によって生じる。そして西側の民主主義体制については一般にこう言うことができる、政治システムは、幾つもの選択肢を作って、不均質を確保しておくその高度の複雑性によって自己を正当化していると。それゆえ「コントロールされたカオス」は、統治不可能性の絶対的なメタファーではなく、逆であって、その機能を肯定的に表したものなのである。というのも、政治の適応能力と現実の正当性は、その構造上の不確定性の直接の機能だからである。

このことを理解するためには、古典的な民主主義体制のイメージを捨てねばならない。それはカリスマ性をもつ政治家を代議士たちの前に、つまり議会主義の公衆の前に直接的に個人として据えることを本筋にしていたものなのである。今日では、政治家は新しいメディアのためにカメラの前に無理やり座らされることになる。政治は理論に縛られることが次第になくなり、それに応じるように、自らのアイデンティティーを証明する鎧をマスメディアの鏡の中に作るようになる。結局のところ政治は今日、自らのメディアに記録されたものにしか反応しない。現実規範が加速圧力を生み出すようになると、すべての政治的な内容を放棄するのでなければ、これに対応できなくなる。政治的な内容は思考それ自体としてはあまりに働きが鈍いからである。マスメディアによって現代の世界社会の問題を即座に調整できるようになって以来、時間構造がコンセンサス構造よりも重要とされるようになる。速度が論拠よりも価値をもつ。知的な由来の異質性は、地球的規模で新しいメディア一色に塗り潰される未来の同質性の前で色褪せる。

メディア美学が世界政治に取って代わる。カメラが現実の奥深くに入り込んで行って、すべての映像がメディアそのものの痕跡を帯びるまでになる。そのかぎりで、メディアそのものがメッセージであるというマーシャル・マクルーハンの有名なテーゼは、技術的に十分な根拠をもつ。このことは国内政治、国際政治がマスメディアに処理される場合に明白になる。カメラが持ち込まれ、実際の事件を執拗に追い回すようになると、邪魔立ては一切許されなくなる。政治を規定するのは、権力の秘密ではもはやなく、カメラの前に立つことである。

マスメディアは対象とするすべてを自分の技術の標本に変える。ヴァルター・ベンヤミンは三〇年代にすでに「カメラの前での選別」ということを問題にしている。[26] メディアのスターである政治家がカリスマ的指導者に取って代わる。政治家はこれまでもつねに自己演出家だったのだが、今は実際に映画俳優として自己を演出する。しかし政治家が自己演出するのは今は先ずは何より議会においてというのではなく、メディアに対してであるというかぎりで、政治家のマスメディアにおける表現が政治活動の代わりに表に出る。官職にあることよりも電子的カリスマをもつスターになることの方が重要なのである。しかしこうなると、メディア向きの個性が政治的な信頼性の基準になる。テレビは権力者たちとの親密性を暗示している。

しかしマスメディアは政治をいわゆる個性的な人物たちの信頼性に還元することで、指示的なものの核心的要素から、つまり権力への意志から、離れて行く。スキャンダルは――バルシェル事件を考えればいいのだが――排除されていた権力意志の復活の現れと捉えることができる。詐欺、虚偽、スキャンダル、これらはあらゆる政治的な決定において事実に即さないことが起こる不可避性の極端な表現にすぎない。というのも、政権党と野党という機能的な二元主義においても、敵と味方の昔ながらの区別は「止揚され」、つまり昇華されているのだが、それでもそれがどこかに温存されているからである。あらゆる政治行動の中の敵対関係のこうした指数はもちろん、政治が自己調整するシステムとして客体化され、行動形式が整うにつれて、次第に読み取りがたくなる。

敵と味方の政治的基本テキストが読み取りがたくなればなるほど、政治家は嘘ばかりつくとの道徳的な攻撃の純粋さは大きくなる。ここで重要なのは何よりも将来展望の問題である。というのも、道徳的判断は近い将来の見通しと結びついているのに対し、政治的打算には大きな作用複合、危機、事後負担が含まれ、善悪の彼岸の遠い将来の見通しが要求されるからである。このことをすでにマキャヴェリは、道徳を政治から追い払うことになる動機と説明している。今日では、もっと慎重に、ニクラス・ルーマンのように、政治倫理の課題は、道徳の近未来的視点を取らないよう自戒することと言うことができよう。こう言ったとて、政治には倫理がないと言うのではない。将来展望の必要性を説くことには、政治においてはその成果のみが行動の道徳性を決定するということが含まれている。政治倫理はそのメディアに従わねばならない——つまり権力に支えられた力にである。それゆえ政治は不可避的に倫理的にはいかがわしい手段の網の目に巻き込まれる。権力それ自体は悪だという有名な、しかしつい苦笑させられる言葉にも、それゆえ十分な意味があるわけで、権力は政治に悪の指数を与えているのである。

政治倫理にこだわろうとする者こそ、純粋に道徳的な判断や問題提起が政治的に不毛であることを知らねばならない。つまり政治の道徳からの解放こそが政治倫理の条件なのである——このことは、マキャヴェリがまだ明確に「腐敗した（corrotto）」の反対概念として使っている「政治の（polotico）」という単語のもともとの概念で見事に証明される。よくよく考えて見ると、このことはマックス・ヴェーバーの有名な心情倫理と責任倫理の区別にとっての鍵になるモティーフでもある。心情倫理家は独自の秩序、つまり彼の心の掟の実現を彼の秩序以上のものとは認めない。世界は狂っているとして彼が戦っている対象は、彼自身なのである。このことはすでに『精神現象学』において見事に描き出されている。

人類の幸せを目指す心の高まりは、それゆえ、狂った自惚れの狂乱へ転じ、破壊から自分を守ろうとする意識の憤激へと姿を変え、しかも、その憤激は、自分のうちにある倒錯を外界に投影し、外界こそが倒錯していると見、そう発言しようとするようになる。(27)

心の掟が自惚れの狂気に反転するというヘーゲルの弁証法的表現が明らかにしていることは、政治の場においては良心が滑稽な役割としてしか用いられていないということである。しかし民主的な一般大衆の幻滅をあまりに大きくしないために、政治は誠実さと善良さに満ちた人工の楽園を制度化してきている。国家の第一人者の権力を完全に剝奪すれば、客観さと誠実さ、政治的打算と道徳的完璧さといった両立しえないものが和解しうる場が開ける。連邦大統領の職がこうしたものであって、この職にふさわしい人物が就くなら、政治の場でのまたとない稀な幸運なケースなのであろう。リヒアルト・ヴァイツゼッカーが途方もない人気を博したのはこのゆえなのである。政治的には一切の影響力を及ぼすまいとする彼の誠実さがカリスマの代用品として機能しているのである。

灰色の日常政治の執行には、こうした特性は邪魔になるだけかもしれない。社会システムの自己保存が問題になるところでは、個々人の完璧さを訴える声は虚空に消えて行くだけである。しかしこうした経験は権力は悪であるというテーゼを証明しているだけでなく、誠実さそのものの要求に対する懐疑の基にもなるものであって、ヴァルター・ベンヤミンはこれを無力であるゆえに不当な権威者たちの弁護人として根本的に否認している。誠実さの要求はすべてその核心において道徳的な邪神崇拝だからである。誠実な政治家は政治的な感覚が欠けている場を占めねばならない。つまり善意の彼岸においては政治的方向づけは、世界の現実の複雑性が存在しないかのような錯覚を起こさせるプログラム、失望感を矯正するプログラムを立てることによってのみ可能なのである。それゆえ嘘をついたというスキャンダルは、政治的な選択と方向づけの極限値にすぎない。ニーチェはこれを罪のない腐敗と呼んでいる。ベンヤミンは同じ関連で、すでに述べたように、客観的な虚偽と言う。まさにこのことが、主観的には「善意で」、客観的には虚偽であるという、誠実さの人工的楽園の彼岸での政治の符号なのである。

ファシストのティエリ・モニエはかつて「文明と誠実さの間で選択がなされねばならない」と言った。モニエは、文明がフィクションの秩序であるからには、虚偽はこの文明の土台だと考えていた。この考えをそのファシズムのコンテキストから切り離すことができるならば、現在も問題の政治という概念への重要な一歩を進めることになったでもあろう。しかし現在の問題へのこの歩みは、差し当っては歴史へ逆戻りしている。

人間は幾つの真理に耐えられるかというニーチェの有名な問いの背後には、本来人間は真理を憎んでいるのではないかとの疑念がある。別言すれば、われわれは騙されることを望んでいるのである。この地平にはすでにパスカルがポスト楽園的存在の論理を展開していて、生は絶えざる幻想にほかならず、次々と錯覚に囚われていると言う。人間の振舞そのものが迷妄に囚われ、騙されているということは、ニーチェに至るまでの道徳主義的伝統の共通財産なのである。その際に仮象を作り出す諸力のこうした心理学において鍵になる重要な機能をもつのは利己心である。つまりわれわれを騙しているものは、自我の楽しみなのである。パスカルは、利己心と人間の自我と激しい憎しみにまで高まる真理への嫌悪との強い相互関係を再三強調している。

利己心の仮象を作り出す力は、外へ向かっては社会的な形式を打ち立てようとする。われわれはわれわれの実存に満足せず、存在より多くの、存在とは違った仮象を望む。パスカルはここで極めて意味深長にわれわれの本来の、取るに足らない自己をわれわれの公の像と区別する——それはわれわれが絶え間なく関わり合っている想像上の存在である。仮象と関わり合っていると、取るに足らない自己の存在は背景に退く。バロックの人間は神に創造されたときばらばらの断片であって、罪にまみれた存在なのだが、パスカルはそこに想像力、習慣、娯楽、自己愛といった仮象を作り出す諸力の心理学を読み取る。それらは外に向かっては、欲望、権力意志、無知として、人間的なもののもつ大きな要素なのである。ただ仮象の社会的秩序、想像力の社会的に有益な虚像だけが、憎しみの深淵を覆い隠す。

現世の神である国家のような、単に外形だけの権力が支えとするのは、神性をもつシミュラークルによってのみである。というのも、社会を束ねるのは空想のきずな以外にはないからである。政治とはシミュラークルと秘密（アルカヌム）の芸術であって、これが特殊近代的な国家魔術を生み出してきたのである。術策と飾り立てられた行事のない国家の統治権はない。安全志向行為のこうした法秩序においては、誰にも自分だけの権利は認められない。というのも、正義を罪によって抑えつけるのは、その代償として実際の権力を正当化することだからである。失われた正義を求めると、人間は権力の事実性に突き当たり、それを正当なものと呼ぶことになる。正義を権力にもたらすことはできないゆえに、権力を正当化するのである。というのも、そうすることでとにかく法と権力の契約が結ばれ、平和を保証するからである。カオスの脅威に抗して権力情況を正当化することは、その核心において、求められている秩序が硬直した偶然にすぎないことを意味する。

そのかぎりではパスカルはまったくキリスト教的である。これに対して、ニーチェは反キリスト教的視点からこの所見を言語哲学的に確認する。太古の動物がその甲羅を脱いだようには、人間は言語のレトリック装置を投げ捨てることはできない。生理学的なきずなに縛られて、人間は文法機能に無意識のうちに支配されている。無意識に嘘をつく習慣、しきたりとして受け入れられている間違いが、いつしか修辞的表現を作り出し、人間は「世界」といったようなものをもつことになる。認識と呼ばれているものは、しきたりになっているメタファーの中で出来上がったもの、つまりは、幻想なのだが、長らく使っているうちに、すっかり慣れてしまって、その仮象性格を意識しなくなっているのである。人間は自分を包み込んでいるレトリックの甲羅をもう感じなくなっていて、メタファーを忘れることが生き残りの条件なのである。社会生活は、嘘の安定した慣習、幻想の拘束力をもつ様式を前提にしている。

学問からの道徳主義の追放は、ここで啓蒙のエートスの堅固な核心である真理義務に突き当たる。ニーチェは断固として彼の真理の美学化を虚偽の価値変換という極端なところまで押し進める。人間は、自分が毎日芸術創作に携わる主体であることを忘れるやいなや、彼の生の条件になっている幻想を真理だと誤認するようになる。嘘をついてはならないという道徳的要求は、ニーチェにとっては、「嘘をつくという、それもみんなにとって義務になっている様式で群れをなして嘘をつくという強固な慣習に従う（社会的な）義務」である。[28]

真理にこだわって嘘を忘れると、本当のことを言っても不誠実になり、嘘にも毒が盛られる。それゆえニーチェは、発話行為の誠実さへの問いによって真理と虚偽を道徳的に分離することの裏をかく。真の論述の代表者たちは、嘘を言うつもりはないのだが、不誠実な嘘の虜になる。それゆえ、ニーチェが「真の、正真正銘の断固たる、〈誠実な〉嘘」[29]と呼ぶものが、誠実さの牙城になる。発話行為の価値の転倒はここで極端なところにまで進み、真の発話は嘘であり、断固とした嘘は誠実であるとされる。

嘘に対する美学的なライセンスは、真なるものを知ることの不可能性に基づいている。真理はわれわれを自由にすることはないが、われわれが真理から自由になれば、自由な嘘という神話的感情がわれわれに甦って来ることも考えられるようになる。こう考えて、ニーチェは啓蒙の中心的テーゼを天才的な仕方で反転させることに成功し、司祭のごまかしを技巧的な実践と解する。生の刺激剤としての神話的形象の案出である。技巧は方便の嘘から自由な嘘を、つまりはその人間学的な基盤を解放するものであり、欺瞞への意志にその良心を取り戻させる。ニーチェは言う、「芸術家をいったん欺瞞者と理解すると、いろいろ重要な発見が手に入る」[30]と。そしてこれの補充として、逆に、欺瞞者を――この場合は政治家を考えてだが――芸術家と捉えても、同じことが言える。こうした考えは、政治の美学化という深淵に向かうものではなく、今日の政治の美学的な核心部分を掘り起こすものなのである。

騙されたくないという当然の願いは、嘘という手段についての判断を歪める。啓蒙の企てのすべては騙されるというこうした不安を糧にしている――暴露するとか仮面を剝ぐ批判的な術策にも、暴露的ジャーナリズムにもこのことが言える。しかしここで再三呼び出される裸の真理にはテロリズムの指数がある――このことは批判的意識でもって仮面を剝いでその正体を見て取った者なら誰もが知っていることである。しかしこのことは裸の真理を目の前にして社会的に生きるのは不可能であることの極端な表現にすぎない。というのも、裸の真理は慣習のもつ免責メカニズムを破壊するからである。「ご機嫌いかが」という問いに対して、自分の内部状態の本当のところを答えてはいけない。挨拶の言葉そのものは、他人を本当のことで煩わさないものと定められている。

礼儀作法に気をつけながら、嘘を非難する者は、流行の服装をしていながら、下着を身につけていない者に似ている。(31)

嘘をつくのは、一つの発話行為である。それは疑いもなく一つの行為と理解しなければならないが、それは原則的に非暴力の領域、つまり言葉の上だけのことである。それゆえ政治システムは非暴力の手段としての欺瞞については何一つ危惧する必要はない。せいぜいのところ騙した相手から復讐されるだけである。道徳家たちにはもちろん嘘を非暴力の慣習の一形式と見ることはできない。しかし嘘はそうしたものであって、政治的なものの対称として考えられるもの、つまり権力の手段としての暴力を前にして嘘は危害を加えないという質をうることになる。これに反し、政治から嘘へのライセンスを取り上げようとする者は、望むと望まないとにかかわらず、マックス・ヴェーバーの厳しい権力基準、服従強要チャンスに訴えていることになる。

それゆえ文民的であろうとする政治にあって重要なのは、嘘か本当かという選択ではなく、ただ欺瞞を昇華さすことだけである。これが外交と呼ばれるようになるものである。政治が敵と味方の緊張から外交的調停に向かって発展して行けば行くほど、嘘が避けられないものになると言うこともできる。外交とは嘘の政治的な食餌療法、つまり真実でないことの適量を正しく配分することと定義できよう。そのシミュラークルは社会システムに対応している。社会システムはとっくに現実からシミュレーションに切り替わっているからである。

4 美しく、新しいコンピューター世界

お前はどこでもないところへ行こうとしているのだろうが、お前はすぐにもそこへ到達する。

——ルイス・M・ブリル

コミュニケーションは意見の一致を目指すと考え、それゆえ対話をその理想的な形式と見るところから出発する哲学者が相も変わらずいる。技術化、メディア化のすべてはこうした立場からは奇形と見られる。しかし歴史は今、技術的なメディアの進化こそがコミュニケーションの伝達性と接続能力を高めていることを示している。口頭での直接の話に対し、マスメディアは、社会的コミュニケーションにとって決定的な差異経験を磨いてきている。ニクラス・ルーマンは極めて示唆的にこれを次のように定義

している。

コミュニケーションは情報（Information）と報告（Mitteilung）の差異を、そして偶然のものであるこの両者を前提にしている（……）ひとたびコミュニケーションに巻き込まれると、ひとは素朴な魂の楽園に二度と帰ることはない（クライストが望んでいたように、後の扉からでも帰ることはない）。[32]

情報は一つの選択を選ぶ行為の中で形成され、この選択は刺激としてやがてコミュニケーション過程の中に入って来る。こうした選択を提言するのが報告である。それゆえコミュニケーションは選択をプロセス化する。

クロード・シャノンの数学的コミュニケーション理論はこうした純粋に統計学的段階を初めて体系的にまとめたものである。情報とはそれによると、メッセージを選択する際の選択の自由の尺度なのである。シンボルの選択は、ありそうなものということで行われるが、このありそうなものは、偶然に依存するプロセスのそれぞれの段階でそれに先立つ選択行為に束縛される――いわゆるマルコフ・チェーンと呼ばれるものである。情報の分析は意味の次元で惑わされてはならない。ずばり情報と意味の間の不明確な関係と言うこともできよう。それゆえシャノンは再三強調して言う。

コミュニケーションの意味論の局面は技術的な問題とは無関係である。意味を表す相とは、アクチュアルなメッセージが一セットの可能なメッセージから選ばれた一つであるということである。[33]

ところでシャノンの情報概念はコンピューター同士の情報の特徴と期待および文化的枠条件をフェードアウトしていると正当にも指摘する者もいるが、その場合でもどんなに生き生きとしたコミュニケーションのプロセスも偶然に左右される情報処理の特殊ケースであることは念頭に置いておかねばならない。意味が意識から意識へ伝達されるのではなく、コミュニケーションがコミュニケーションによって生み出されるのである。そしてコミュニケーションのプロセスにおいて純粋に統計学的データ処理を越え出るものこそが、つまり期待と理解こそが、コミュニケーションを自己紹介のこうした形式に閉じ込めるものなのである。

「あらゆる報告は刺激である」とは十九世紀の初めにヨーハン・ヤーコプ・ヴァーグナーが言った言葉である。このテーゼは二十世紀の終わりになってシステム理論によって見事に証明される。システム理論によると、現代の社会は「持続的刺激」を受けている神経系であって、外からの刺激を使い果たすことで、自らを再生する。コミュニケーションはしたがって社会システムの「自己刺激」なのである(34)。それゆえ厳密な意味で、コミュニケーションは周囲世界に対応物をもたない。別言すれば、周囲世界はコミュニケーションにとってはつねに邪魔になるだけである。社会を周囲世界に対して敏感にするためには、技術的な安全措置が必要で、これがメディアである。メディアがあってこそ、邪魔になるものに敏感になり、現実のものの騒音を意味形式と両立させうる。これは特別の機能である。というのも、おそらく、これによって邪魔になるものははねつけられるだろうからで、報告行為はフラストレーションを起こす。メディアの正確な機能規定がここから生まれて来る。メディアはこの「コミュニケーションの破損個所」で働き始め、ありそうもないもの——つまり邪魔になると仮定されたもの——を、ありそう

なものに変形させる。(35)

ところでルーマンのシステム理論は、社会的なコミュニケーションの分析をこの上なく広範に推し進めたものであるが、メディア機能を技術的に追加することが問題になるところに盲点がある。新しいエレクトロニクスのメディアも、ルーマンにとっては、文字や印刷のように、ただ普及メディアにすぎず、新しいコミュニケーション・プロセスの到達範囲を拡大しはするし、それに伴って内容も変わりはするが、新しい歴史的先験性を示すものではない。ルーマンは、新しいメディアの選択技術、フィルムの大きさの規格、テレビ画像構成のパラメーターが社会的コミュニケーションと呼ばれているものをどのように決定するかという問題には目をつぶっている。新しいメディアのコミュニケーション美学はこれに対し、第一次大戦のＤＩＮ規格で初めての厳しい事実に突き当たったと言えよう。

＊

ハンス・マグヌス・エンツェンスベルガーは皮肉たっぷりの誇張した描き方で、テレビをゼロ・メディアと定義しているが、これは事柄の核心を突いている。スイッチを切るためにスイッチを入れるのは毎日の経験であるが、このことはマスメディアが治療的な機能に気づいていることを示している。映像の洪水は意味から免れることなのである。エンツェンスベルガーの言わんとするのは、テレビがコミュニケーション拒否の技術であるということなのだが、これはしかしマス・コミュニケーションを情報の仲介、それも目的論的に啓蒙を目指すものと考えるときにのみ意味がある。シャノンの数学的コミュニケーション理論は、こうした誤解をまったく起こさせない。スイッチを切るためにスイッチを入れる者、放送番組の意味形態の提供を受け入れるのではなく、面白半分に、あるいは退屈まぎれにリモコンでチャンネルを切り替えながら、映像の万華鏡をあちこち見て回る者は、コミュニケーションを拒否しているのではなく、エレクトロニクス共同体のデータの洪水に同調しているのである。コミュニケーションはもはやイデオロギーによってではなく、技術的標準規格によって定義される。マス・コミュニケーションのメディアは周波数を決め電波の届く範囲まで共同体のバーチャル・リアリティーをそのままに送り込む。

エレクトロニクス共同体のバーチャル・リアリティーは単に市民的公共性と競合するようになるだけでなく、市民的公共性を締め出す。政治の場は遠距離通信情報網の中だけに収縮する。グラスファイバーのケーブルがあるところには、もはや古代の公共広場はない。それどころか、市民的公共性の諸形式に縛られていると、無知の骨頂とされもする。というのも、情報を発信しようとする者は――遠距離通信情報が放送の主流になっているかぎり――情報伝達経路の末端に、つまり自宅に座っていなければならない。そうしないで、伝統的な公共性を作り出そうとする者は、最新の情報を逃してしまう。事柄のこうした技術的情況を意識してのみ、政治的選択も開けて来る。重要なことは、「公共の場を開かれたまま保つことではなく、情報伝達の対話的回路を支持すること」(36)である。公共性の構造変換ではなく、情報伝達経路の配線図が問題なのである。

しかし放送が独占されているかぎり、フィードバックが可能な遠距離通信情報のネットワークのコミュニケーション美学の可能性は、中央の放送の公共的・法的現実に制約される。こうしたテレビの現実の基本的要素は、ジョルジュ・ロークが「交感的イメージ (image phatique)」と名づけたものである。

つまり純粋に交感的イメージの機能は意味を伝達するのではなく、消費者とのコンタクトを安定させるものなのである。これは「ダイアルを切り替えないでください」というAFN（米軍放送局）のアピールの意味するものである。パウル・ヴィリリオはこうした事態を踏まえて、公共的イメージとは「かつて社会的コミュニケーションが行われた公共の場を今日引き継いでいるもの、街頭、公共広場は今日ではテレビ画面と電子広告に取って代わられている(37)」と定義する。

社会のデータの洪水を規定するのは、もはやテキストの一行一行や書物ではなく、映像を映し出す平面、つまりスクリーンである。それゆえ目下のコミュニケーション美学のすべての展望は、グーテンベルク銀河系の彼方にある。あの銀河系の線形の合理性の構想が崩れ去ったばかりでなく、固定した対象という幻想も崩れ去っている。スクリーンの上に算出される画像の非物質的な画像素子の配置には、技術的な標準規格以外には、原則的に形を作るのにもイメージを操作するのにも一切の制限はない。こうした画面の歴史には、ただ単に明確な出発点（terminus a quo）があるだけでなく、はっきり認められる到達点（teruminus ad quem）がある。最初の「スクリーン」は空中戦を監視しコントロールしたレーダースクリーンであった。やがて人間はコンピューターで操作されるミニスクリーン、超軽量の液晶モニターをコンタクトレンズのように持ち運びできるようになる。これでもってユーザー・インターフェースのデザインが美学的に完成されるのであろう。「バーチャル・リアリティー」という新しい呪文がこの事態を正確に表している。

しかしバーチャル・リアリティーのゲーム的シミュレーションよりも重要なのは、特定の現実を他の現実に取り替えるという可能性がここに開かれたことなのであろう。ここでの決定的な技術的発展がマクダネル・ダグラス・コンツェルンとNASAの研究部門によってなされたのは偶然ではない。その技術の一つはデータグローブ〔手袋の外側に光ファイバーを這わせて関節核を測定する装置〕であり、もう一つは、画像データを直接にユーザーの目の前に投影する、主として二つの最小のモニターからなるマスク（サーチ・フレイム）である。マーシャル・マクルーハンは三十年も前にすでにテレビの光刺激の衝撃を受けて観察者自身がスクリーンになってしまうことを見抜いている。今日ではモニターと網膜はしっかり繋ぎ合わされている。

NASAのコンテキストは明快で、その計画は、人間をフィードバックの輪の中に組み込んで、宇宙空間での復旧作業をするロボットを助けることなのである。方向センサーによって人間の頭の動きがロボットカメラの旋回運動と正確に連動する。必要なのはただロボットの腕がデータグローブと正確に連動することだけである。こうすれば、算出された画像のバーチャル・リアリティーの中で無限に遠く離れた現実においての操作を実際に行うことができる。

バーチャル・リアリティーのこうした見通しは決して空想的なものではない——それどころか空想的なのは貴重なことでもある。ただクレイ社の一連のスーパーコンピューターのみが今のところ必要な複雑計算をこなすことができる。「一秒間に一〇〇億回のフローティング・ポイント・オペレーション（浮動小数点処理）」を行うことのできるスーパーコンピューターは、われわれの最高級のパソコンの容量を一〇万倍も上回る。こうした数字の比較は、コミュニケーション環境を美学的に最善の状態にする技術的標準規格にどのような限界があるかを知るのに役立つものである。

情報社会にいると、われわれはわれわれのさまざまな能力を同時使用するようトレーニングされる。その際、決定的なことは、要求が最高潮に達する瞬間が暇な瞬間と重なり合うことである——しかしまさにこのことが久しく技巧的実存の特徴とされてきていて、テレビの視聴者の謎の多い満足度に新しい光を投げかける。どうやらマス・コミュニケーションのメディアにとっては、一体何を伝えるべきかは優先的な問題ではなさそうである。メディアを伝達の手段と捉えるならば、この概念は実際には単なる神秘化であることが分かる。エンツェンスベルガーはこのことからテレビの視聴者は本来「プログラム不在」を望んでいるとの弁証法的結論を引き出している(38)。

しかしこの結論は巧緻を極めたものではあるが、これはマクルーハンが明確に見ていた関連を覆い隠している。つまり一つのメディアはつねに一つの内容をもっていて——つまり他のメディアをうちに含んでいて、メッセージはメディアそのものにほかならないからである。それゆえエレクトロニクスによるマスメディアの効果はプログラムから独立しているのである。「電子のテクノロジーはわれわれの中枢神経系に直接に関係していて、自分自身の神経の上で演じられているものを〈社会は何を望んでいるか〉などと言うのは馬鹿げている(39)」。

それゆえチャンネルをがちゃがちゃあちこちに切り替えるのは、番組のつまらなさに対する日常の絶望の表現であるだけでは決してなく、空虚な意味形態の万華鏡的な領域での遊びなのである。マス・コミュニケーションは意味の伝達ではない。それゆえ伝達というメタファーはすべてがコミュニケーション美学には適していない。というのも、それらは発信者と送信内容と受信者を仮定しているからである。しかしメディアが広く流しているものは情報としては余計なものである。このことはコミュニケーション環境の理論にとっては原則的な意味をもつ。というのも、コミュニケーションは「情報の〈伝達〉としてではなく、むしろ余分なものを広めている」(40)からである。

テレビというゼロ・メディアでプログラムなどとはとても言えないものが流されるが、これは奥底の深いところにある要求に応じたものでないのなら、その機能するところにさしたる支障はないであろう。ここではコミュニケーション美学が人間学的に基礎づけられねばなるまい。マクルーハンの「地球村(global village)」というテーゼは誰からも本気にされず、苦笑されたものだが、これはエレクトロニクスの精神から出た神話的構成の再生を言わんとしたものであった。実際、最新のメディアは古代の人間の態度に奉仕しているように見える。もっとも、日常世界にも外部世界にも背を向ける古代人の群れの森の中での焚火と同じ魔的な力をテレビ画面が放射するといったような雑文風の見方ではどうしようもないわけで、もっと学問的にならねばなるまい。われわれのシリコン時代にネアンデルタール人の再来についてのあるエッセーに次のような文章があるのがこれである。

われわれ二人はかがみこんで、無我夢中に食べ物を拾い上げ、魔的なたいまつの明かりを見つめる。催眠状態。危険は何もない。歴史が始まる。(41)

スタンリー・キューブリックの映画『二〇〇一年宇宙の旅』には、ハイテクと原始人の群れのあの短絡で始まるこうした歴史の物語が繰り広げられている。この映画はメディア（テレビ電話、ビデオ、衛星テレビ）を扱っているのだが——肝心なのはもちろん、コンピューターについてのコンピューターで作られた映画ということである。キューブリックはたとえば一つのメディアの内容がつねにもう一つの他のメディアであること、それだけでなく、それ以上に重要なこととして、個々のメディアというものはないことを見せつけている。至る所でメディアの同盟に出会い、さまざまなメディアの切り替えやネット化に出会う。接続個所で起こりやすい妨害、つまり雑音が歴史の素材を提供する。このように映画『二〇〇一年宇宙の旅』は、人間とコンピューターのインターフェース、コンピューターに操作されたフィードバックの輪の中に組み込まれた人間、つまり「輪になった人々（people-in-the-loop）」についての物語なのである。コミュニケーション美学はそれによるとメディアの我が儘な進化に優先的に集中すべきではなく、そのインターフェースとハイブリッド化に向かわねばならないと言う。接続がうまく行くと、新しいハイパーメディア・テクノロジーが生まれる。それに失敗すると歴史が生まれる。テクスト、画像、音声、アニメーションなどさまざまな種類のデータをうまく混ぜ合わすことは、デジタルでのみ可能である。これがコンピューターのユーザー・インターフェースへ送り込まれる。これを成功させたことこそがHAL・システムの誇りであった。アップルはこれを今日PC基盤で可能にしている。デジタル・ビデオ・インターアクティヴ・テクノロジーによって、テキスト、写真、複数トラックの音声、三Dコンピューター・グラフィック、リアルタイム・ビデオの統合が可能になっている。すべてのメディアがデジタル化されているので、そのデータはすべて同じメモリーに蓄えることができる。こうして対話式テレビが技術的に可能になる。

*

電子的メディアのコミュニケーション美学はすべて、コンピューターには言語にできないことができるという事態、つまり現実のものの偶然の拡散をデジタル信号処理によって操作できるという事態から出発しなければならないだろう。これは百年も前のマクスウェルとヘルツの発見、つまり電磁波がわれわれの世界の基礎的構成要素であることを証明したこの発見を技術的に徹底的に追求した結果である。今日、効果としての現実が支配し、これが現実原理を失効させ、電子的映像の領域で事実的なものを仮想のものと融合していると語ることが流行しているが、こうした議論には堅固な技術的な核がある。つまり、われわれにはますます総合的な認知が与えられ、眼鏡が現実の分析を引き受けているということは、一方で現実のものの偶然の拡散はデジタル化できるということを、他方ではわれわれの知覚が原理的にデジタル化できるということを、前提しているのである。人間の目は一秒間におよそ二十五の実時間で動く映像を見ており、人間の耳には二万ヘルツ以上の音は聞き取れない。それゆえ映像と音声は量子化できる。そしてそれゆえ映像と言葉と音声に同じように通用する新しいデジタルのアルファベットがありうる。

こうしたエレクトロニクスのシミュレーションにおいては、ミメーシスの果たす役割は次第に少なくなる。個々の画像点を計算することが不可欠だが、これはデジタル画像をそれぞれの画素から操作する無限の可能性の費用のかさむ裏面にすぎない。コンピューターの「スクリーン」の上のハイブリッドの現実は、もはや何かを模倣することはない。つまりリアリティーは画像の背後にはなく、ただ画像の中だけにある。メディアの現実は具体的にわれわれの知覚の先験性（アプリオリ）になる。コンピューターの条件下にあるとは、一つのことを、つまり算出された画像でそれをシミュレーションできることを理解することである。こうした視点はほかの点では過激な構成主義と変わるところがないが、ここから、やがてデータ構成としての、「計算できる数」をもつ特殊メディア的基本操作の特殊ケースとしての、いわゆる自然のリアリティーも証明されることになる。

コンピューター・グラフィックは仮想美学の論理化の世界である。ライプニッツが十七世紀の終わりに持ち出した〈ありうる世界〉という論理的概念がリアリティーになったのである。われわれは将来、作家ローベルト・ムージルがかつて表現したように、現実感覚よりも可能性感覚をより多く用いることになろう。(42)

コンピューター・グラフィックという用語がボーイング社の研究室から生まれたのも偶然ではない。これはウィリアム・フェターが一九六〇年に航空機のコックピットをコンピューターのプロッターを用いて描くことにつけた用語である。もともとコンピューター・グラフィックは、曲線を描く技術者とコンピューターとをデータの視覚化のために結び合わすことから生まれたものである。こうしたベクトルグラフィックにおいては、ある意味では描く手の描かれる線への関係がまだ残っているのだが、デジタルの網目スクリーングラフィックではその関係が消えて、そこでの唯一の要素は点である。今日、算出された画像は、識別可能性のこの論理的限界、つまり画素（Pixel）で構成される。中央処理ユニット（CPU）が網目スクリーン上の点を順番に一つ一つ計算する。解像の現在のＣＡＤ規格では一画像当たりおよそ百万ないし六百万の座標計算がなされる。行列力学によって三次元物体の計算が可能になっていて、それが次に投射法によって「スクリーン」の上に二次元で描き出される。

コンピューター・グラフィックのたいていの問題は、この画像計算に多くの時間がかかり、この計算時間に多大の経費が要ることに由来する。映画『ジェディの復讐』におけるようにたった三十七秒続くホログラムでも、これがやれるのは今日ではジョージ・ルーカスの映画だけである。にもかかわらず、コンピューター・グラフィックが、あらゆる画像特徴をシミュレーションできるというその能力によって、視覚化の普遍的メディアになって行くだろうことはすでに常識である。任意のアナログ画像を「計算できる数」に翻訳し、そのデータを保存するには、今日すでにビデオカメラをアナログ・デジタル変換機に連結すればできるようになっている。こうしてすべての画素が無制限に操作できる。ペイントボックスで電子的に絵を描き、編集し、色づけすることができ、デジタル・ビデオ機能を使って画像を逆様にしたり、横向きにしたり、混ぜ合わすこともできる。ビデオクリップは玩具の積木箱を掻き混ぜるようにそうした操作をする。しかし科学的な視覚化はビジョンを技術的に具象化する。ビジョンが情報社会のコミュニケーションを一層強く規定するようになる。

ビデオクリップがエレクトロニクスのコミュニケーションの美学にとって極めて興味深いのは、これがアヴァンギャルドと広告の無差別点をはっきりさせていることである。ブルーボックスとかスプリットスクリーンのような「特殊効果」は、マスコミュニケーションの新しい形式を先取りしている。その際、デジタル化は画像の解析と再統合を可能にするだけでなく、新しいメディアの歴史に直接に介入もする。それゆえ映画やビデオやビデオゲームやコンピューター・アニメーションなどまったく異種の画像を混ぜ合わすことができるが——映画『トロン』は一九八二年に初めてこれを行っている——、それだけでなく、さらに興味深いのは、メディア資料館で見つけてきた資料を編集する「Found Footage」の技術である。これはメディアの歴史から見つけてきた映像で映像を算出するものである。

＊

ノーバート・ウィーナーは、システムの状態がそれ自身の過去にどの程度限定されているかによって消極的に規定される情報単位を導入して、次のように言う。

もし、私にできることのすべてが、コミュニケーション・システムの受信端末において自らの過去の言葉で完全に特徴づけられた持続的状態で、新しく作り出すことであるなら、私は情報を伝えることをやめる。(43)

コミュニケーションの時間に対する厳密な関係は電信によって初めてはっきりしたものになった。そこで要求されたのは、データ処理の直接の経路と一連の選択行為および一つ一つが一定の時間の長さをもつ有限量の基本符号だけである。それゆえメッセージは時間コードで行われる符号の連続である。これを基礎にしてその後、シャノンがコミュニケーションを数学化することになる。

しかし複雑なものを記号によって限量化し、時間化し、制限することが、マスコミュニケーションの工業技術的な側面においてだけでなく、個々人のデータ処理においても問題になる。エレクトロニクス時代のデータ・プロセスはもはや分類によってではなく、パターン認識によってのみ処理されることになる。マーシャル・マクルーハンはこのことを明確に見ていて、次のように言う。

〈情報過負荷〉の典型的情況において電子速度でデータを処理するためには、形状の考察に頼ることになる。(44)

情報の過負荷は今日ではもはや危機的な例外ではなく、世界認識の通常状態である。それゆえコミュニケーション美学はデータ処理の極端な場合に自らの範疇を定めねばならない。視覚的知覚の研究はもはや固定した目の網膜像から出発してはならないのである。ジェイムズ・ギブソンは『生態学的視覚論』で視覚的データの流れとその急速な変化を冷静な方向感覚の条件として研究していた。アメリカ空軍は戦中に彼に委託して、着陸の際のパイロットの情報処理の仕方を研究させている。

しかしそうした分析の成果は、航空機のコックピットにおいての人間工学的能率化に役立つだけでなく、今日ではいわゆる科学的な視覚表現にも役立つことになる。というのも、目は一秒間に二ギガバイトの処理ができるのだが、エレクトロニクス時代の巨大な情報量を処理するには、飛行シミュレーターでのパイロットのように、グラフィック能のあるコンピューターで山なすデータの間を操縦するという考えが魅力的なものになるからである。これはまだサイエンス・フィクションのレベルなのかもしれないが、それでも今日ではすでに情報は文章によってよりもコンピューターの算出する映像によってより強く濃縮できることが明らかになっている。それゆえ情報社会は言葉によるコミュニケーションから視覚に訴えるコミュニケーションへ次第に移って行っている。複雑さを簡素化するのに言語はすでにその限界に達しているように見える。その彼方ではデータの洪水が「ただ視覚的にのみ〈意味が濃縮され〉

うる（科学的に言うと、冗長度が最小化されうる（redundanzsuperisiert））」[45]のである。

しかしコンピューターの算出する映像の極端な意味の濃縮は、「情報の過負荷」を取り除くという型にはまった作業を発展させるのに役立つだけではない。その高度に美学的な簡明的確さが、現実の不透明さがどうしようもないものに見えるところで一つの決定までもって行くのにも役立つ。別言すれば、コンピューター・シミュレーションは視覚的根拠を与えてくれるのである。このことは、純形式的に言えば、コンピューターのモニター上で論理と可視性が同盟を結ぶことによって可能になる。たとえばヘルムート・コスタルトの有名な映画『リアルタイム』が提示しているのもまさにこれであって、データ構造がその表現の論理において目に見えるようになっている。ここでコンピューターが算出する映像が複雑な構造の美学の理想的なデモンストレーション・メディアであることが実証される。論理のこうした新しい可視性は（コンピューターを用いたフラクタル幾何学における数学の新しい可視性も同じだが）、画像のないテクストの時代としての近代を終焉させている。「もともとテクストは、伝統的な画像の中にひそんでいる幻覚の狂気を克服するために、そうした画像に反対したのだが、それと同様に、技術的な画像は、テクストの中にひそむ想像できないことの狂気を克服するために、テクストに反対する」[46]。

＊

子供たちが大都市のマルチメディア環境や新しいメディアの無限のデータ洪水にのめり込むようになって以来、グーテンベルク銀河系の教養戦術はもう出る幕はなくなっている。「情報の過負荷に圧倒されて」、就学前の子供までも狩人のようにパソコンの前に座っている。検索するのも、調べるのもすべて「パターン認識」でなされる。

あとから考えれば、マーシャル・マクルーハンのメディア理論もヴァルター・ベンヤミンの『パサージュ論』さえも、こうした新しいメディア世界を表現技術的に正当に評価する試みと捉えることができる。それはもう書物ではなく、引用と思考の破片のモザイクである――映画のような著作とも言える。書物の形式を粉砕する書物を書くというこうした試みは、それが失敗しているからこそ教えられるところが多い。どうやら書物という情報処理システムはわれわれの社会的システムの複雑性に太刀打ちできなくなっているらしい。それゆえ、このことを知りながらなお著述家であろうとする著述家は、非線形情報処理システムから盗み取った構造や模範にならって彼らの書物を編成する。ホフスタッターの『永遠の黄金のリボン』はこの最も顕著な例である。この書は、省察／叙述のさまざまなレベルの間の「奇妙な輪」によって生じる共鳴が次第に大きくなる形で書き進められている。かつてなら無限の後退として忌み嫌らわれたものが、帰納の科学的美学に優雅に解釈変えされる。しかしこの書は「奇妙な輪」のような構成をとっている「奇妙な輪」についての書で、書物であることにはかわりはない。それが非線形な構成をとっているというまさにこのことのゆえに、それを始めから順を追って読む者は、否応なしに退屈させられる。

論証は迷路のように入り組んでいて――これはルーマンからホフスタッターまでがそうなのだが――書物の形で続けることはできない。ここで目標にしている複雑性を遺漏なしに表現するためには、幾つものレベルでの同時呈示が必要なのであろう。ニクラス・ルーマンは彼のデータをつねにカードボックスに蓄えていて、このことを十分心得ていた。複雑さを表示するには、連続的に呈示できない複雑な理論が要る。省察は幾つものとっかかり点で同時に始まるからである。それぞれの省察のとっかかりが暗默裡に無数の説明できない前提を含んでもいる。こうしたことすべては直線的に読むことでは実現されえない。それゆえ同時呈示の表現のメディアが求められる。

こうしたとかく迷路のような理論構想が、いわば二次元に置かれていて、幾つもの読み方ができる書物で表現できるなら、どんなに素晴らしいことであろう。(47)

しかしまさにこのことがハイパー・メディアにはできるのである。ハイパー・メディアはRDBMS（関連データベース処理システム）と強い親和性をもつ。RDBMSは動的な構造を関連オペレーターで徹底的に処理する、つまり直線的なデータ処理から遠く離れたところで――「多くの、あまりにも多くの」関連を処理する。ここには、複雑系の複雑な理論にとって決定的な技術的実現の可能性が浮かび上がる。つまり推敲されたハイパー・メディアは「二次リンク」で、つまりリンクからリンクへという形で、処理されるのである。しかしそうすることでそのソフトウェア構造は、複雑な事態の理論構造と一致することになるのであろう。つまり諸関連の関連化である。

「データ型つきのリンク」もハイパー・メディアのユーザーにすでにお馴染になっていて、複雑系処理のツールであり、多様な視覚的ナヴィゲーションの展望を開くことで、データの複雑性を簡素化する。このことは在来の分類操作と混同されてはならない。ハイパー・メディアは知の表現の「共通言語（lingua franca)」を知らず、この上なく異質な素材を統合し、「ファジー」と確率論を用いて、並行的かつ結合的に処理するもので、それゆえ理想的なブレインストーミング・ツールを提供することができる。

ハイパー・メディア文化の情報空間は、n次元をもつ。そして情報が自然の地形をもたないというまさにその理由で、ユーザー端末では再三、書庫、コンパス、ネット、フィルム、ヒッチハイカー・ガイドといった方向指示のメディア・メタファーが介入してくる。つまりハイパー・メディアはこれまでの古いメディアの特徴的な能力を利用しながら、n次元空間におけるメタファー的航法を支援する。とくにアップル・ハイパー・カードのフィルム・メタファーは、直線的情報構造、つまり解析、切断、モンタージュ、フラッシュバック、ズーム・イン/アウトといったものから完全に決別している。データ処理のこうした非線形構造は、もちろん書物で可能なものよりもはるかに高度の結合密度（ビジー・スクリーン）を作り出す。書物では、すでに述べた「奇妙な輪」や迷路のテクニックでもってしても、また注意を引きつけテクスト段階を指示する特殊な記号（たとえばマンデルブローの『自然のフラクタル幾何学』）でもってしても、あるいはまたフロッピーディスクを添付することによっても、こうしたものにはとても対応できない。グーテンベルク銀河系はそうしたポーズをとって、テッド・ネルソンの言う新しいテクスト社会“docuverse”の可能性を探ってはいる。しかしこれまでプログラム処理ができなかったものが、ハイパー・メディアで初めて可能になる。つまりメディアの間を拾い読みすることができる。シームレスなハイパー・メディア環境が構成されて、対話的情報利用によってこれが再生される。(48)

もっぱらハイパー・システムの論理に従ってこれがうまく行けば、この新しいテクスト社会は個人的で内密な記録からは断固として決別し、「情報の断片の洪水」を果てしなく（再）結合する「自由な語り」の中で発展して行くことになるであろう。しかし近い将来、それでもなお「著作家たち」はいるのだろう。資本主義はこのテクスト社会のプロジェクトを書き直して、その版権を主張するにちがいないからである。海賊行為が重要な問題になる。それゆえ——これは技術的な理由からではないのだが——たとえばCD‐ROMはその名のように「読み出し専用メモリー（read only memory)」のままでなければならない。著作権、版権、海賊版の問題は、「閉ざされたハイパー・メディア」と「複合ハイパー・メディア」の間の決定的な分岐点で起こることである。(49)

＊

新しいメディアとコンピューター・テクノロジーの条件下では、人間と呼ばれる言葉を話す存在は、代表機関によって整理されていた世界に別れを告げている。このことは自分自身を外部世界の代表と理解していた考えからの決別をも意味する。情報社会の「機械装置（gadget)」は、世界に対するわれわれの態度を避けては通れない歴史的先験性である。さまざまなプログラムは経験の可能性のいわゆる自然条件を補ってきている。われわれの日常になっているビデオの世界がニュートンの世界から最終的に解放されていることを頑強に認めようとしないのは、グーテンベルク銀河系の知識人たちだけであること、これは今日ではどの子供でも知っている。ハイデガーが現存在の優秀性のために取っておこうとしたもの、つまり存在可能へ向けて構想を立てる存在を、まったく民衆主義的に実現したのが、プログラム作成の実践である。パーソナル・コンピューターがパーソナルなのは、プログラムを作成できる者がみな自分独自の規則で操れる世界を構想できるからである。この世界は肉体的現実の彼方の強固な安定性要求に服している——この世界が服するのはこれだけなのである。このことが、シミュレーション文化の中では批判的意識が不愉快であることの認識論的な理由である。

リアリティーと呼ばれているものは、現実のものとはつねにわずかの関連しかもたない。シミュレーション文化においてはリアリティー原理が停止されてはいるが、このことは、われわれがより非現実的な世界に生きていたことを直ちに意味するものではない。現実を測る基準が変わっただけなのである。今日、至る所にあるモニターは、二次元性を現実の基準にしている。つまり、現実のものだと保証されたいものは、モニターの上で明確な形をとらねばならない。そうなると、政治的なものは市民的公共性の代表空間の中にはもはや現れることはなく、現れるとすると拡散するメディアの前に展示されてか、配線図の知識においてである。政治はもはや制度のジャングルの中での可能なものの技術ではなく、メディア同盟の排除の技術なのである。このコンテクストにおいて操作とは、もはやイデオロギー批判的には分析しえない純粋に記述的な概念である——というのも、対称をなす反対概念がないからである。

こうして啓蒙された世界の地平はメディア条件のもとで崩れ去る。それなのにこのことは損失とは経験されない。コンピューター・マニアと「機械装置愛好家（gadget lover）」は啓蒙の恩恵から免れていることを楽しんでいる。機械いじり、人間と機械の協同は、自由という哲学的要求から解放される。オーウェルが世界をケーブルで繋ごうと提案すると、絶対的な統制の陰謀だとして忌み嫌らわれもしたが、子供たちは、そんな考えは毛頭もたず、繋がれていることの喜びに耽っている。しかし世界全体がケーブルで繋がれていること、つまり電子の網で結び合わされていることを、囚われない機能主義的な目は、宗教の世俗的変種と見ることにもなる。つまり統合されたメディア同盟へ向かってネットワークを組むのがうまく行っているのは、超越の穴埋めだからだというわけである。

ビデオ・ゲームを前にした子供たちの恍惚状態は、MITのターミナルを前にしたハッカーの秘儀的な喜びとまったく同じものである。ビデオ・ゲームと言ってもビデオそのものとは関わり合いはあまりなく、遊んでいるのは、コンピューターで算出された映像だからである。彼らはリスクと統制の新しい美学の両極に位置している。このことも穴埋めの一つである。つまり崇高さという古い美学に代わって限界情況を伴った危険のないゲームが登場しているのである。リスクは技術的に取り除かれ、常設の適性検査の舞台として組織化されている。宇宙戦争ゲームでジョイスティックの操作を間違うと、勝敗に関わる。データ処理の絶対的限界でのハッカーの脅迫観念もこれと違った動きをするものではない。人間と機械の協同は、「アゴーン（古代ギリシアの体育競技）」のようなもので、これは十六ないし十八時間の後にはハッカーのスポーツ上の死で終わりを告げる。コンピューターの素人の間でも、ささやかれているのは、新築の建物の倒壊ではなく、ハードディスクのクラッシュである。

「ハック（Hack）」とは、絶対的な統制へのあの憧・憬が手の届かぬところにあることにつけた神話的名前である。そしてそれにまつわる伝説には、どれも同じ内容、脅迫観念に囚われたハッカーによる企業連合やFBIやペンタゴンの巨大コンピューターへの侵入という内容が含まれている。リスクを技術的に防止しようとするところから、リスク場面を配した危険のないゲームが生まれて来る。それゆえ、エレクトロニクスの「麻薬常用者たち」は、リスクに逢わなくても済む。リスクは、その語の意味する通り、コンピューター・シミュレーションで取り除かれているからである。リスクがあるとすれば、他者のリスク、とくに異性のリスクである。彼らにガールフレンドがいないということは、この事態の理由ではなく、この事態の表現なのである。

人間の数は増えていって、苦労して辺鄙な海辺やアルプスの氷河へ出かけて行っても、そこで耳にするのは、自然のざわめきではなく、ウォークマンの流す音である。彼らは自然のざわめきや陶酔を諦めているのではなく、雑音の入らないように、技術的に長続きさせようとする。こうしてどんな辺鄙なところもエレクトロニクスの母胎の中にあるわけで、臍の緒を切られてこの世に投げ出された奇妙な存在はみな、ケーブルのひもに貪欲に手を伸ばすものだから、誰もが遠隔通信網にからめとられている。これをメタファーと取る者は、送られてきた映像をまだまったく解読できない赤ん坊たちでも画面に躍動する映像にすっかり魅せられて見入っているさまに気がついていない。

こうしたテレビに取りつかれた赤ん坊たちを見ると、子供のか弱い魂を蝕むテレビ情報の暴力行為を挙げつらう教授連中に意見を聞くよりも、人間とエレクトロニクスの協同についてより多くを知ることができる。消え去ったのは幼年時代ではなく、幼年時代なるものをでっち上げた人間中心主義である。こうなると、根本的な人間学的な分析が行われねばならなくなる。つまり「内容分析」や教育テレビといった仮象問題について説明するのではなく、魔的な火の燃え盛るテレビ画面の前に夕暮れに集まるのは、森の中の焚火の前の原始人たちの群れの再現であるといったような無謀極まりない思弁に向かう分析である。エレクトロニクス時代の原始人の群れも外部世界に背を向けようとする。世界中からの情報も、全体が一点に集束して、完全な気散じに変わるのに役立つだけである——催眠状態が望まれているのだからである。

グーテンベルク銀河系の最後の生き残りの恐竜ディノザウルスが今日、彼らの人間中心主義的な教養テクストを出版社にフロッピーディスクで引き渡す用意を歯ぎしりしながらもしているとしても、彼らは、遠隔情報通信の「機械装置」、とくにコンピューターがエレクトロニクス時代の子供たちに対してもっている対象としての、独特の情況を理解することはなさそうである。精神分析家はこれを過渡的対象という。子供部屋のコンピューターこそが肉体と精神、有機物と無機物の間の境界対象がどういう状態にあるのかを明確にしてくれるからである。新しいメディアとコンピューターはユーザーの自己と外部世界から生まれたものである。「お前の内部が外部であり、お前の外部が内部である」とは、ある歌の歌詞だが、結び合わされているというあの喜びを担っているのが過渡期のこの感覚である。ビデオ・ゲームの場合でも、ハッカーの手柄の競い合いでも、コンピューターの心臓の鼓動が拍子を決める。その際、コンピューター・ゲームはもちろんただEDV（電子データ処理）の世界という強い麻薬への橋渡しになる弱い麻薬として機能するだけである。モニター上の戦争ゲームからバーチャル・リアリティーのエレガントなアルゴリズムの起案に至るまでのその後の歩みの一つ一つは、この麻薬を精製する歩みである。つまり「二進数字」そのものが純正な麻薬なのである。ここに定着する情報のフェティシズムは、知と世界の方向性を目ざすのではなく、単なる記号処理を目ざしているのである――データの洪水から来る陶酔である。

新しいメディアは原則的に無制限の完成化の次元を開いて来ている。完成は美的な基準としては久しく真正さと同様に時代遅れになっているのだが、コンピューターに取り組む作業には完成化の限界がない。つまり、それは新たに始めなくてもいいし、決して終わらない。蓄えられたデータは任意に修正もできるし、操作できる。そのかぎりで、コンピューターは完璧な検査器具であり、演習の器具であって、最善の状態にする意志を客観化する――これは今日「バグ（虫）の除去（debugging）」と言われる。

新しい機械装置は、原則的に改善できるところを次々と改善して行くというまさにこの理由で、完璧なメディアとしての魅力をもち、ユーザーのナルシシズムを刺激する。そこでは自分の書いたテクストも、それが下手な字で紙に書くのではなく、電子的な精密さでモニターの上に現れているゆえに、いい文章だと思うようになっている。小さな子供でもキーボードのキーを叩くことで正確な文字が簡単に書ける喜びに耽る。自分のパソコンのサーボ・メカニズムのために、文章を――最初の出だしから本になるときの完全なレイアウトまで――自在に操れると思えるとき、こんな便利なものをと喜ばない者はおるまい。実際、コンピューターは鏡にたとえることもできる。というのも、ハッカーが自分の端末に座っている姿は、切り刻まれた醜い肉体以外のものではないからである。それはエレガントなアルゴリズムから生まれた人工的世界の中で彼の全体像を確認するものでもある。

「ビデオばっかりで、私なんかほったらかし！」なんてのがよくある。ここには同時に他者性を免れさせてくれる楽しみがある。異性の測り知れない危険を避けようとするのだが、それをメディア・オナニーだとして軽蔑するのは、いまだに女性と男性の間に性的な関係があると信じている者だけである。精神分析学によると、あの有名な性的関係なるものは、思い違いしているときにしか実現しないということを理解すべきであるとされている。性的関係の崩壊を人間と機械とのナルシシズム的な円滑な協同によって取って替える者には、失われるものは何もない。この関係の映画『セックス、リース、ビデオテープ』は、ポスト・セックス社会への展望を初めて開いたものであった。シミュレーションのシミュレーションがモニターの前で満足する楽しみを教えてくれる。

しかしこうしたモニターの前での満足がプログラムに基づいているのなら、新しいメディアが中毒症状を起こさせることはなかろう。テレビ、ビデオ、コンピューターの魅惑はむしろそれらが主体の中心の喪失のための「機械装置」であることから来ている。スイッチを入れて、キーを叩けば、この機械装置はネットワークと回路図の中に自己を解体してくれる。それゆえビデオやコンピューターと遊ぶことは、精神分析と機能的に同等のものとして役立たせることができる。この機械装置が望ましい機械であるのは、それが部分対象として機能するからである。しかしこの機械装置は「伝送」をも可能にする。この伝送が——これはたとえば放送という意味ではないが——新しいメディアを麻薬にする。コンピューターに知の主体であることが想定されるときにはつねに、コンピューターの前での仕事は無限の精神分析になる——これこそがハッカーを定義するものである。

エレクトロニクスのメディアのポスト・セックス社会を冷静に考える者は、機械装置愛好家に特徴的な中毒症状をゾンデとして用いて、より深くデジタル化した世界の機能の秘密に突き進むことができる。ここでは技術的なメディアがそもそも人間学的にどのように理解さるべきかを思い出すことが必要である。すべての新しいメディアは人間の延長であって、人間が彼の機械装置のサーボ・メカニズムになってしまうまで、人間を麻痺させる。われわれは人間独自の機能を譲渡することで他の素材に魅了されるのである。そのとき中枢神経系は電子のネットワークなのだが、これは身体メディアの、つまり感覚の、同盟を調整するもの、そしてその平衡がつねに新たに確保されていなければならないものである。それゆえ人間の能力の拡大としての技術革新はすべて、感覚の新しい切り替えを強要する。新しいメディア条件下では、人間は道具や機器の使用者ではなく、メディア同盟の要因であって、有機的な構造の中に入って行く。それゆえ自己情況に対するコンピューター・メタファーがますます大きな意味をもつようになる。つまり、「機械装置」が外部世界に属していると信じるなら、人間と機械の協同ということは理解できないのである。「お前の内部が外部であり、お前の外部が内部」なのである。

実際、ハッカーが忘我の境で端末に噛りついているように、子供たちはコンピューターに制御された映像で遊び、人間と機械の交差点を最大限に利用する。この脅迫観念の限界値はエレクトロニクスのテレパシー、つまり顔と顔を突き合わせる（face-to-face）ことが溶けてなくなる全的なインターフェースである。ここに来て、人間中心主義を大上段にかざして、「機械装置」を抱擁することを、それに消費されることを拒む者は、新しいメディアという「麻薬常用者」を理解することは決してないであろう。彼らが仕えているのは神々なのである。そしてこの神々への奉仕の中では、主体性とは、自己を「機械装置」のサーボ・メカニズムにすることにほかならない。

情報社会において楽しみの道は技術的なものである。情報社会は、人間がそのメディアの性器の機能を果たすことによって再生産される。こうして近い将来のキーボード社会では、統合されたユーザー・インターフェースとしての世界が構想される。そのときには生は、データの洪水の「情報過負荷」にさらされ、永遠のフィードバックの反復の中での絶え間ない適正テストになっているのであろう。ハッカーとビデオ中毒者ならそこでも対処できるのだろうが、グーテンベルク銀河系の生き残りのディノザウルスには死に絶えるときが迫っている。

訳者あとがき

本書はNorbert Bolz : Die Welt als Chaos und als Simulation, Wilhelm Fink Verlag, München, 1992の全訳である。

初めての読者のために、先に訳出した『仮象小史——古代からコンピューター時代まで』のあとがきで著者ボルツについて紹介した個所をここに繰り返しておこう。

著者ボルツは一九五三年、ライン河畔ルートヴィヒスハーフェンの生まれ。マンハイム、ハイデルベルク、ベルリンで哲学、ドイツ文学、英文学、宗教学を学び、一九七七年、ベルリン自由大学の宗教哲学者ヤーコプ・タウベスのもとで、アドルノの美学の論文で学位を取り、パリ、ユトレヒト、サンパウロに留学後、一九八八年、Philosophischer Extremismus zwischen den Weltkriegen（これはAuszug aus der entzauberten Welt —— Philosophischer Extremismus zwischen den Weltkriegenとして一九八九年に出版され、『批判理論の系譜学——両大戦間の哲学的過激主義』として邦訳されている（山本　尤、大貫敦子訳、法政大学出版局、一九九七））で教授資格を得、タウベスが亡くなるまでその助手、その後、いわゆるフランクフルト学派の批判理論からメディア論に転向（「批判理論にとってメディアが盲点であった」としてのこの転向のいきさつについては、上記『批判理論の系譜学』の邦訳の「日本語版への序」および大貫敦子氏の後書き参照）、一九九二年からエッセン大学に新設され

たコミュニケーション理論講座の教授に就任、現在に至っている。これまでに出版された著書を挙げると、上記以外に、

Theorie der neuen Medien, München 1990

Eine kurze Geschichte des Scheins, München 1991（山本　尤訳『仮象小史』法政大学出版局、一九九九）

Die Welt als Chaos und als Simulation, München 1992（本書）

Philosophie nach ihrem Ende, München 1992

Am Ende der Gutenberug-Galaxis, München 1993（識名章喜・足立典子訳『グーテンベルク銀河系の終焉』法政大学出版局、一九九九）

Das kontrollierte Chaos —— Vom Humanismus zur Medienwirklichkeit, Düsseldorf 1994

Kultmarketing —— Von der Erlebnisgesellschaft zur Sinngesellschaft, Düsseldorf 1995

Die Sinngesellschaft, Düsseldorf 1997（村上淳一訳『意味に餓える社会』東京大学出版会、一九九八）

Das Ende der Kritik. Die Konformisten des Andersseins, München 1999

Die Wirtschaft des Unsichtbaren, München 1999

このほかに F. A. Kittler, G. Ch. Tholen との共著 Computer als Medien 1994 や、U. Rüffer や W. v. Reijen などとの共編の論集も数冊あり、マルチメディアとインターネットの問題を巡って各地での講演やシンポジウムで活発な発言を行い、インターネット上でもボルツの名前が乱れ飛んでいて、ドイツのメディア論の若手論客の最先鋒として「先端分野の研究者の王様」(der König der Trendforscher)とも言われる。著書の題名からも見て取れるように、研究の重点はメディア理論、コミュニケーション理論なのだが、またデザイン科学（Designwissenschaft）だとも言い、自らを「科学のデザイナー（Wissenschaftsdesigner）」とも称する。何とも奇異な言葉だが、ボルツによれば、このデザインとは「技術と心理学の間の溝に橋を架け渡す」ものだと言う。「書かれて印刷されたものを読む」というグーテンベルク銀河系の世界は終焉して文化的虚脱にさらされている今日、サイバースペース、ISDN、テレマティック、ハイパーテキストに未来のコミュニケーション状況を見なければならなくなっている今日、情報社会のデザインのために知はいまだ力をもっているとして、この新しいメディアとその結果に賭けようとする。ボルツは自分の中心テーゼとして、あるときこんなことを言っている。「一、老齢は若さの反対であるだけでなく、また新しさの反対である。二、今日、もはや成熟過程というものはない。三、世代は今日では年齢の違いによってではなく、メディア利用の違いによって区別される。四、文化価値としての若者は年齢から解放されている」と。若手論客の面目躍如としていると言えようか。

本書は前著『仮象小史』に続いて、ボルツがコミュニケーション理論の講座の教授になる前の、後に話題になる『グーテンベルク銀河系の終焉』や『意味に餓える社会』における理論を基礎づけるいわば下準備のための仕事と見ることもできる。シミュレーションの技術が進むコンピューター時代には、存在と仮象、現実と映像が無差別になる地帯に投げ込まれ、映像存在が存在よりも存在論的に優位に立っているかのごとく、現実のものと想像上のものとの間の伝統的な相違が疑問視されてくる。その中で、存在と仮象の関係を思想の歴史の中でもう一度洗い直し、それを哲学的に新たに規定しようとするのが前著『仮象小史』だったが、本書では、カオスとコスモスの対立を歴史的に辿ることから始められる。諸科学がカオスから次々と新しい規則性を引き出すようになって、カオスは無害化され、数学的カオス研究が世界のカオスをデジタル化することでシミュレーションできるとされるようになっている今日、いま一度、カオスについての考え方を哲学的に洗い直そうとする点では、仮象小史と同じ姿勢である。

初めにカオスがあった。ヘシオドスにとって、それは「大きな口を開いた空無」であり、オヴィディウスやアナクサゴラスでは「中身がごちゃまぜの壺」であった。このカオスの中に線を引き、名前をつけることで秩序を作り出し、カオスにコスモスを対峙させるのがロゴスと考えられた。やがてはエティンガーが天地創造の六日間は神がカオスの中に区別を作り出す仕事のための期間と考え、神は秩序以外のものは作らないからとカオスを否定し、カオスを遠近法上の仮象とする神知学が生まれ、十三世紀末には錬金術につながるライムンドゥス・ルルスの『カオスの書』が書かれる。カオスを美の不可欠な条件、美の生まれるための場所と見たゲーテ、神話的基本概念であるカオスとエロスを楕円の二つの焦点と見るロマン主義のカオス観、カオスを絶対的な形式の暗号と見るシェリング、そしてカオスを有限の理性の仮象として、のちのフラクタル幾何学の先駆者とされるライプニッツ、カオスの形成を物質の自己形成と見たカントのカオス観、そして世界の相対的性格としてのカオスを構想し、神抜きでカオスを考えた初めての人ニーチェへ、概念を武器にカオスという怪物に立ち向かった西欧人の涙ぐましい努力の歴史的な移ろいが興味深く辿られる。

その後、カオス概念はすっかり変わって、記号学者パースのように、世界の誕生をスタートのカオス状態の合理化のプロセスと理解するようになると、二十世紀のアヴァンギャルド芸術も『カオスに身を開き』、マリネッティのように分子運動、電子の騒乱、ブラウン運動などのカオスを詩の刺激として持ち込むようになり、クセナキスやジョン・ケージの新音楽では音響上のカオス「ランダム・ノイズ」を抱えこむようになる。ざわめきのカオスの中に自己相似性とスケール不変性があり、そこから創発的進化が行われるのだとされる。そしてチューリングの「離散状態機械」が生まれ、ウィーナーがブラウン運動を数学的に分析してサイバネティクス構想を打ち立て、マンデルブローの「カオスを分割する」というフラクタル幾何学のプロジェクトが、コンピューターのおかげでできるようになる過程も興味深く描かれる。もっともフェアフルストの成長方程式だの、ヴァイアーストラス関数だの、ファイゲンバウム数だの、文化系の訳者にはとても理解できない事項には頭を痛めたものだったが、エドワード・ローレンツがコンピューターを用いて天候の数学化実験を行ったり、マンデルブローが八〇年間の綿花価格をコンピューターで分析し、その間に二つの世界大戦があったにもかかわらず、毎日、毎月、毎年の価格変動のカーブに独特のシンメトリーが支配し、スケールが不変であったことを突き詰めたこと、つまりコンピューターは株式市場の金融カオスの中に秩序模様を見せつけたことの記述は、カオスの歴史を辿ってきたあとだけに、一種の感動さえ覚えるものでもある。

かつてコスモスと対立していたカオスが、今や秩序を乱すものではなく、秩序のダイナミックな体系そのものになる。しかし現実のものの偶然の拡散が、さまざまな複雑系が、コンピューターによるデジタル信号処理、「データ型つきのリンク」によるシミュレーションで処理できるようになり、視覚化できるようになったのはいいとして、デジタルはまたテクスト、画像、音声、アニメーションなどさまざまな種類のデータを自在に混ぜ合わせることができるようになると、コンピューターに操作されるフィードバックの輪の中に組み込まれた現代の人間は、ゲーム的シミュレーションによって作り上げられたバーチャル・リアリティーに振り回されることにもなり、特定の現実が他の現実に取り換えられることにもなる。そこではリアリティーは画像の背後にあるのではなく、コンピューターのスクリーン上のハイブリッドのバーチャル・リアリティーだけが現実になるからである。算出された画像によって近い将来に世界がコントロールされるようになれば、われわれの世界はどうなるのであろうか。知的な異質性は色あせ、この世界が地球規模で新しいメディア一色の同質性で塗りつぶされ、たとえば政治の場でも志操高潔な倫理観厚き指導者の代わりにメディア向きの俳優まがいの政治家、カメラの前のスターが政治的信頼性の基準になるのであろうか。グラスファイバーのケーブルのあるところでは街頭の公共広場がテレビ画面と電子広告に取って代わり、公共性の構造変換などもはや問題ではなくなり、情報伝達経路の配線図だけが問題になるのであろうか。そうなると言葉によるコミュニケーションはますます後退し、視覚に訴えるコミュニケーションが主流になる。未来を担う子供たちも意味から免れた映像の洪水、マルチメディア環境や新しいメディアの無限のデータの洪水に飲み込まれてゆく。コンピューターのモニター上でのパターン認識だけにとらわれたこれからの子供たちには、グーテンベルク銀河系の教養戦術は何の役にも立たなくなるのであろうか。テクストの時代としての近代が終焉したところでは、書物も書物の形式を粉砕した形の、たとえばホフスタッターの省察と叙述の非線形の「奇妙な輪」である『永遠の黄金のリボン』のような書物しか書けなくなるのであろうか。そこにあるのは、n次元をもつハイパー・メディア文化の情報空間、ポスト・モダンのハイブリッドの現実である。コンピューターについてのコンピューターで作られた映画、キューブリックの『二〇〇一年宇宙の旅』やビデオ・ゲームやコンピューター・アニメーション、映画などまったく異質な画像を混ぜ合わせた映画『トロン』、シミュレーションのシミュレーションがモニターの前で満足する楽しみを描く映画『リアルタイム』を前にしては、在来の美学はお手上げにならざるをえず、新しいデジタル美学、電子メディアのコミュニケーション美学がグーテンベルク銀河系の彼方に生み出されねばならないのであろう。データの洪水の「情報過負荷」にさらされた中で生き残れるのは、啓蒙の恩恵から免れていることを楽しむコンピューター・マニアやハッカーやビデオ中毒者だけだというのはいささか過激な発言だが、グーテンベルク銀河系にいまだにしがみついている訳者には大きなショックでもあった。ではどうするか、その答えは出されてはいないが、訳者自身考えさせられることの多いものではあった。本書はすでに八年も前の著作で、この歳月はマルチメディアの世界ではひと昔どころか、永遠に近い時間だともいわれるが、カオス概念の変遷の歴史とカオスの非線形の力動性の数学的究明、コンピューターによる世界のシミュレーションに至る過程の検証は決して過去のものではなかろう。

映像の洪水と映像妄想の中で実体と意味が喪失している現在、そして工業的ハードウェアの熱い戦争よりもはるかに深いところで、はるかに激しく戦われている情報とイメージの電子戦争に直面して、知識人の使命は啓蒙のプロジェクトに没頭することではもはやなく、未来の出来事のショックを思想の次元で先取りすること以外にはない。ボルツのその後の仕事は本書でも構想されたメディア美学、デジタル美学を新しい「指導的学問」として打ち立てることに注がれているようである。

気鋭の若手論客の文章にはとかく気取った、ことさらに難解な叙述が多いものだが、本書にもその傾向は強く、なかなか日本語に移しがたいものがあった。ギリシャ語、ラテン語、フランス語、イタリア語、そしてコンピューターの専門用語など、とても訳者一人の力には及ばぬところがあり、大勢の友人知人に教えていただいた。とくに訳者の勤務先の大阪電気通信大学情報工学部の対馬勝英教授には原稿を通読していただき、さまざまにご助言をいただいた。また同じ情報工学部のミヒャエル・ヒルト講師には翻訳の過程で電子メールで再三に専門用語の相談に乗っていただいた。お名前を挙げることができなかった多くの方々も含めて、ここに心からの感謝の意を表しつつ。

二〇〇〇年初春　　山本　尤

原注

第一章

1. N. Luhmann, Soziale Systeme, S. 52
2. G. W. F. Hegel, Enzyklopädie § 92 ; vgl. R. Glanville, Objekte, S. 173, 境界の自己再生について，「事物は，あくまでも境界を要求する区別が出会うことによって無から生じる．これを（……）幻想であるとすれば，事物はまったく現実のものにならない」とある．
3. G. Simmel, Soziologie, S. 467
4. I. Kant, Prolegomena, A 174f
5. P. Valéry, La politique de L'Esprit, S. 1016
6. N. Luhmann, Soziologische Aufklärung V, S. 79
7. G. Spencer Brown, Laws of Form, S. 1, 3 ; vgl. hiezu R. Glanville, Objekte, S. 149, 252. ヴァレリーもデカルトの「我れ思う」を「弁別法」によって逆転させていて，「さよう，私は区別する……そしてこのことこそが，私の……自我の本来のものである」と言う．── Werke, Bd. 2, S. 206
8. Novalis, Schriften II, S. 105
9. F. de. Saussure, Cours de linguistique générale, S. 162 ; vgl. das Ultrakurztheorem von N. Luhmann, Soziologische Aufkärung V, S. 92 :「区別と標識がなければ，何事も，そうまったく何事も進んで行かない」．しかしルーマンのシステム論はソシュールの言語学とまったく同様に神話的な根源の区別の後に始まっている」．
10. F. Kittler, Aufschreibesysteme 1800/1900, S. 198 ; vgl. zu dieser „Logik von Chaos und Intervallen" auch Kittler, a. a. O., S. 223, 262f
11. N. Luhmann, Die Wissenschaft der Gesellschaft, S. 525
12. E. Jünger, Zahlen und Götter, S. 7.──この関連で，ルーマンの『社会学的啓蒙』(V. S. 34) は，厳密な二元主義がブルーメンベルクの隠喩学の課題を再びうまく乗り越えていることを明らかにして，「伝統は区別することを比喩を用いることによって凌駕しようと試み，それゆえ区別から比喩へ進んで行かざるをえなかったが，これに対し，構成主義的認識論はこの区別から先へは進まない」と言う．
13. K. W. F. Solger, Nachgelassene Schriften und Briefwechsel II, S. 686, 730, 733 ; G. W. F. Hegel, Wissenschaft der Logik I, S. 66f
14. N. D. Fustel de Coulanges, Der antike Staat, S. 94. Vgl. hierzu M. Eliade, Kosmos und Geschichte, S. 22f ; M. Eliade, Das Heilige und das

Profane, S. 30f ; C. Schmitt, Der Nomos der Erde, S. 13 ; M. Serres, Der Parasit, S. 271, 274 (über „die Geste der Abgrenzung des *templum*“ und die hieratische Zerschneidung des Raums)

15. N. Luhmann, Soziologische Aufklärung V, S. 18
16. F. Chr. Rang, Historische Psychologie des Karnevals, S. 20, 32.——このためにコンピューター・マニアのカオス文化は新しい感受性を発展させてきている．数学者のラルフ・アーブラハムはカリフォルニアのキーボードの達人をミノア文明のクレタへ呼び戻し，「さよう，カオスの抑圧は六千年前に族長の継承とともに始まった（……）もし汝がカオスを拒絶するなら，汝はガイアを拒絶することになる．カオスとガイアとエロスは神秘的な三位一体である」と言う（Mondo 2000, Nr. 3, S. 151）．
17. C. Schmitt, Der Nomos der Erde, S. 22
18. C. Schmitt, Der Begriff des Politischen, S. 119
19. C. Schmitt, Der Leviathan, S. 34 ; vgl. hierzu René Girards Theorie der „indifferentiation primmordiale.“ これは社会的カオスを神話的出発状態としてではなく，多くの者の欲望そのものへの欲望の暴力的な結果と解釈する．—— Le bouc émissaire, S. 48
20. Th. Hobbes, English Works III, S. 427
21. F. J. Stahl, Die Philosophie des Rechts, S. 172.——カオスはエルンスト・ユンガーにとっては，すべての社会的秩序がポスト歴史において硬化し，ニヒリズムの重力の場に陥ってしまったときでも，なおも自由と節度の場所であり続ける．そのときは，無秩序をニヒリズムの対抗力として動員することが肝要である．——カオスは決して無ではない．「森の散策者」は——森と言っても，これは二つの世界大戦であらゆるロマン主義の化粧が剥ぎ落された「荒野」なのだが——怪獣リヴァイアサンには無秩序なカオスの「藪」への入り口は見つからないとの希望をもって生きている．ユンガーは自由のこの場所をゾルガーの言葉を用いて「選り分けられていないところ」と名づけて，「どれだけ多くの真の無秩序がカオスの中にひそんでいるかが決定的なことである」と言う（Über die Linie, S. 20f, 54f）．
22. B. Pascal, Pensées, Fr. 297ff, 313, 320
23. N. Luhmann, Soziale Systeme, S. 417
24. W. R. Garner, Uncertainty and Structure, S. 339
25. N. Luhmann, Vertrauen, S. 40
26. N. Luhmann, Soziologische Aufklärung IV, S. 256
27. N. Luhmann, Soziale Systeme, S. 47 ; vgl. hierzu René Thom, Mathematical Models of Morphogenesis, S. 298 :「不完全に理解された情況にあっては，どのような戦術を取ろうとも，そこにはリスクが含まれる」．しかしまさにこのことがルーマンにとってはいまだ未来をもつ社会の特徴を示す

ものである．開かれた時代の地平のためには原則的な不安定性を覚悟しなければならない．つまりリスクを見積もることは不可能なのである．安全性を巡るテーマはさまざまに提起されているが，それらは危険意識の普遍性を反映しているものにすぎない．

28. Chr. von Ehrenfels, Metaphysik, S. 287

29. N. Luhmann, Die Wirtschaft der Gesellschaft, S. 268

30. O. Marquard, Aesthetica und Anaesthetica, S. 78

31. N. Luhmann, Soziologische Aufklärung IV, S. 130.――こうした思考像はすでにフーリエの『アソシエーション論』にも見られる．そこでは社会的な年齢の連続性が，a）カオスの登場＝社会的技術の欠乏，b）カオスから調和への飛躍，c）混ぜ合わされた秩序の調和の凋落，d）カオスへの跳躍＝贅沢の欠乏の形で展開されている．

32. I. Kant, Kritik der praktischen Vernunft, B 11 Anm ; Kritik der reinen Vernunft, B 128 ; Kant an Mendelssohn 16. 8. 1783

33. I. Kant, Über eine Entdeckung, S. 26

34. G. W. F. Hegel, Werke, Bd. 2, S. 235

35. Homer, Odyssee, XI 606ff ; M. Serres, Der Parasit, S. 270, 337 ; K. Heinrich, Versuch über die Schwierigkeit nein zu sagen, S. 165 ; K. Heinrich, Tertium datur, S. 104.――ホメロスのヒドラは「カオスの権化であり，カオスを作り出し，何もかも飲み込む竜」であって，これに対して文明の英雄たちが再三に戦いを挑む．この竜との戦いは，B. ブラス・ジメンによって印象深く描かれている（B. Blass-Simmen, Sankt Georg, S. 13f)．

36. W. Benjamin, GS II, S. 1217

37. M. Heidegger, Holzwege, S. 56

38. A. a. O. S. 55, 59

39. M. Heidegger, Gesamtausgabe Bd.54, S. 154 ; vgl. hierzu a. a. O., S. 149f, Bd. 55, S. 8.――存在が「統一の中へ縛られない形で突入すること」をハイデガーは「その多様さへの展開」と解釈している（Gesamtausgabe Bd. 33, S. 27f)．

40. Vgl. Sophokles, Antigone, 332ff und hierzu M. Heidegger, Einführung in die Metaphysik, S. 114ff sowie Heidegger, Gesamtausgabe Bd. 31, S. 135

41. F. W. J. Schelling, SW I. Abt., Bd. 8, S. 339

42. J. Conrad, Heart of Darkness, S. 72, 94, 98, 100

43. コンラッドとコッポラを引き合わせたのはエルンスト・ユンガーである．すでに第一次大戦の戦闘行為は敵を顔のないものにしていた――このことが恐怖を強める．戦争の輪郭は「戦場のカオス的空無」の中に消え去っている（Jünger, In Stahlgewittern, S. 40)．

44. K. Rosenkranz, Ästhetik des Häßlichen, S. 349ff
45. J. Derrida, De la grammatologie, S. 61
46. S. King, Danse macabre, S. 39, 48
47. H. P. Lovecraft, Supernatural Horror in Literature, S. 15
48. M. Heidegger, Gesamtausgabe Bd. 29, S. 255
49. G. Lascault, Le monstre dans l'art occidental, S. 397
50. P. Tillich, Der Sinn der Geschichte, S. 98, 113; vgl. K. Heinrich, Versuch über die Schwierigkeit nein zu sagen, S. 111f; K.Heinrich, Tertium datur, S. 46; K. Heinrich, Anthropomorphe, S. 196; C. Lévi-Strauss, Der nackte Mensch, S. 817.——1798年2月3日付，ヤコービ宛のF.フォン・バーダーの手紙では，パルメニデスの「非存在（ouk on)」の機能が簡明に特徴づけられている．バーダーは「形になっていないものの除去」と「非存在の拘禁」について語っている．
51. J. Derrida, De la grammatologie, S. 14
52. F. Nietzsche, Zur Genealogie der Moral, I. Abh., § 11
53. Ch. Baudelaire, Juvenilia, S. 335
54. H. Sedlmayr, Verlust der Mitte, S. 113;「木についての対話」の中で宇宙を定義して，「人間の中に理性の夢を探している頭の欠落した怪物」としていること，参照（Werke, Bd. 2, S. 129).
55. S. K. Langer, Philosophy in a New Key, S. 233
56. M. Horkheimer/Th. W. Adorno, Dialektik der Aufklärung, S. 11.——M.セールにとっても，この点に「インドヨーロッパの」生産概念の秘密があって，「カオスに形態を与え，無秩序を情報に変え，大地の顔を変貌させる」と言う（M. Serres, Der Parasit, S. 147).
57. G. Benn, G. W., S. 579
58. H. Blumenberg, Arbeit am Mythos, S. 22, 45.——系統的分類学の巨匠リンネは，最も形のない生物アメーバーを「カオス　カオス」と名づけている．分類する主体は自らの法則に従って「カオス的に知覚に押し寄せて来る自然の力をそのプロテウス的な変容術と溢れるばかりの多産性もろともに制御する．〈自然のシステム〉がモンテスキューの言う〈法の精神〉と同じ時間に現れるのは偶然ではない」とはエルンスト・ユンガーの素晴らしい考察である（E. Jünger, Typus Name Gestalt, S. 47).
59. E. Rohde, Psyche II, S. 115; 擬人化されたカオスについては，Aristophanes, Die Vögel, 693ff 参照.
60. Hesiod, Theogonie, Verse 105-116.——ヘーゲルは「それゆえカオスそのものが定立されたものである」と言う（Hegel, Werke, Bd. 17, S. 101). カオスはただ生成するだけ，生まれはするが，生み出すことはない．このことがカオスの資格を剝奪して，単に自然のままのものにする．「カオスは直接

的なものの動く統一であるが，カオスそのものはいまだ主体ではない」．そうなると，カオスは「唯一者の力」，創造する神の精神の前で色褪せる．

61．Hesiod, a. a. O., Verse 726-740.――ゾルガーは極めて精密な解釈をほどこして，「大地そのものはカオスから分裂してできたものではなく，カオスと同じものであり，ただ現実の実在としてあるだけである．それゆえ大地があるなら，カオスもまた向い合ってそこにある，それは大地の現実の無であって，そうした仕方で大地の中に〈タルタロス〉として示される」と言う（Solger, Nachgelassene Schriften und Briefwechsel II, S. 732)．つまりカオスは世界の展開の全体に同伴しているのである．

62．O. Gigon, Der Ursprung der griechischen Philosophie, S. 28

63．H. Blumenberg, Arbeit am Mythos, S. 143

64．F. Nietzsche, Die Geburt der Tragödie, S. 90f

65．F. W. J. Schelling, Philosophie der Mythologie, Bd. II, S. 596f

66．A. a. O., Bd. I, S. 45f

67．O. Gigon, Der Ursprung der griechischen Philosophie, S. 30

68．H. Fränkel, Dichtung und Philosophie, S. 112

69．O. Gigon, a. a. O., S. 22

70．F. W. J. Schelling, Philosophie der Mythologie, Bd. II, S. 601

71．F. Nietzsche, Die Geburt der Tragödie, S. 332

72．Ovid, Metamorphosen, I, 5-9 ; Laktanz にも「洗練されず無秩序な材質の入り混じった塊であるカオスから」という表現がある（Opera I, 14, 20)．

73．Ovid, a. a. O., I, 17f

74．Novalis, Schriften III, S. 246

75．P. Valéry, Werke, Bd. 2, S. 81f

76．R. Lullus, Liber Chaos, Mz Bd. 3, 2

77．Nikolaus von Kues, De Docta Ignorantia, II, 8

78．C. A. Auberlen, Die Theosophie Oetingers, S. 191ff ; vgl. hierzu E. Jünger, Zahlen und Götter, S. 8

79．H. Lotze, Mikrokosmos II, S. 32

80．G. W. Leibniz, Essais de Theodicée, § 211

81．W. Benjamin, GS V, S. 573 ; vgl. Leibniz, a. a. O., § 147

82．G. W. Leibniz, Monadologie, § 69

83．G. W. Leibniz, Discours de Métaphysique, § 6 ; vgl. Essais de Theodicée, § 134, 214, 242

84．B. Mandelbrot, Die fraktale Geometrie der Natur, S. 426.―― hierzu auch M. Serres, Der Parasit, S. 113

85．B. Mandelbrot, Fractals and the Rebirth of Iteration Theory, S. 157

86．J. H. Lambert, Cosmologische Briefe, S. 116

87. I. Kant, Allgemeine Naturgeschichte, A XXII, ; vgl. a. a. O., A XLVI. ——同じようにすでにデカルトはカオスからの世界の生成を自然法則と神の「普段の協力」に従って模擬実験を行っている（vgl. Descartes, Discours de la méthode, S. 43f）.
88. I. Kant, Allgemeine Naturgeschichte, A 115f
89. A. a. O., A XXVIIIf
90. A. a. O., A 123
91. A. a. O., A 114
92. A. a. O., A 15ff
93. H. u. G. Böhme, Das Andere der Vernunft, S. 92f
94. H. Rickert, Allgemeine Grundlegung der Philosophie, S. 6.—— F. ローゼンツヴァイクの観念論批判もこの新カント派の定式を使っている．観念論の主体は受動的に与えられた選り分けられていないものを背景にして創造というイメージにナルシシズム的に自分の姿を映して見ているのである．「しかし観念論は自らの根底にある特殊なものの暗いカオスへのこうした指示を好まず，そこから急いで離れようと試みる」．こうした超越的な創造としての「創造の前のカオス」——これは本来新カント派的なものだが——に対して，ローゼンツヴァイクは「あの日の豊かさ」という構想を対置し，「カオスは創造の中にあり，創造の前にあるのではない」と言う（F. Rosenzweig, Der Stern der Erlösung, S. 148, 153, 157）.
95. M. Scheler, Der Formalismus in der Ethik, S. 88
96. M. Horkheimer/Th. W. Adorno, Dialektik der Aufklärung, S. 97
97. G. C. Lichtenberg, Schriften und Briefe, Bd, I, S. 526
98. A. a. O., S. 501
99. A. Schöne, Aufklärung aus dem Geist der Experimentalphysik, S. 58
100. G. C. Lichtenberg, a. a. O., S. 413
101. M. Frank, Das Problem 'Zeit', S. 33
102. F. Schlegel, KA XVI, S. 286, 318
103. Novalis, Schriften II, S. 454ff
104. Novalis, Schriften III, S. 281
105. W. Benjamin, GS I, S. 38, 92
106. F. Schlegel, KA II, S. 263
107. F. Schlegel, KA XVIII, S. 77f
108. F. Schlegel, KA II, S. 263
109. F. Schlegel, KA XVIII, S. 62, 227, 258
110. A. a. O., S. 119
111. M. Frank, a. a. O., S. 34
112. F. Schlegel, KA V, S. 48

113. A. a. O., S. 35
114. F. Schlegel, KA XVIII, S. 226
115. F. Schlegel, KA XVI, S. 251
116. A. a. O., S. 207, 275.—— Vgl. auch F. Schlegel, KA II, S. 319.「というのも，これはあらゆるポエジーの始まりであり，理性的に考える理性の歩みと法則とを止揚し，われわれを再びファンタジーの美しい混乱の中に，人間の自然の根源的カオスの中に移すものである．このカオスについての私がこれまでに知っている最も美しいシンボルは，古代の神々の多彩な雑踏である」．ロマン派が神話へ立ち戻ったことは，決して無形の理性に敵対するものへ通ずるのではない．美的なカオスは「人工的に整えられた混乱」であって，「関係と変化がすべてであって，形が作られ，形が変えられる」．このことをハーバーマスは見誤っていて，ロマン派のカオスの特徴を「理性の他者」，古代的なものへの退却としている（J. Habermas, Der philosophische Diskurs der Moderne, S. 113）．そうではなく，逆であって，シュレーゲルとノヴァーリスの「古代の神話」の読み方は，それが「スピノザの考えに満ちて」，最新の物理学に満ちたものとしてなのである．
117. F. Schlegel, KA V, S. 7, 9, 20
118. L. Tieck, Frühe Erzählungen, S. 352ff
119. F. W. J. Schelling, S. W. Bd. 5, S. 465, 389f
120. A. a. O., S. 576f
121. A. a. O., S. 394f
122. F. W. J. Schelling, S. W. Bd. 7, S. 359. このことは，「大きな神秘（Mysterium Magnum）」についてのベーメの思弁（Böhme, Werke Bd. 9, S. 82ff）を背景に置いて「真の神のカオス」と理解しなければならない．このことをベーメはまた「底のないものの目」とも呼んでいる．これについてはノヴァーリスのルートヴィヒ・ティーク宛の1800年2月23日の手紙参照．
123. A. a. O., S. 434
124. A. a. O., S. 359f
125. C. A. Auberlen, Die Theosophie, S. 197
126. Chr. v. Ehrenfels, Metaphysik, S. 257
127. J. Lacan, Encore, S. 41.——神の創造が無からのもの，つまり記号表示体の創発的進化であるなら——それを世俗化したものである美的創造は，つねに画像と文字のカオスを前提にしている．このことは一人のロマン派の女流詩人にはっきり意識されて，プロメテウス神話がダーウィンの近代性の条件下に繰り返されている（vgl. M. Shelly, Frankenstein, S. 58）．「発明，これは謙虚に誉め称えられねばならないが，空無から生まれるものではなく，カオスから作られるものである．素材がまず与えられねばならない．それが暗く形のない物に形を与えるのだが，決して実体そのものになるところまで

もたらすことはできない」.

128. C. A. Auberlen, Die Theosophie, S. 198
129. Chr. v. Ehrenfels, Metaphysik, S. 285
130. I. Kant, Kritik der Urteilskraft, B 428
131. F. Nietzsche, Die fröhliche Wissenschaft, § 109 ; vgl. hierzu Heidegger, Gesamtausgabe Bd. 50, S. 37, 54. ハイデガーはニーチェのカオス概念を「力の限界を求める戦いにおいて全の中での存在するもののつねに決定の可能性の高い多様性」と解釈している. したがって, ニーチェの言葉「カオスあるいは自然, 自然の非人間化について」についても,「こうした非人間化によって, 存在するものは〈裸のまま〉力への意志の支配構造に立ち向かう戦いとして, つまりカオスとして現れる」とされる.
132. M. Heidegger, Nietzsche, Bd. I, S. 353
133. F. Nietzsche, Werke III, S. 868
134. A. a. O., S. 729f
135. M. Heidegger, Nietzsche, Bd. I, S. 576
136. B. Mandelbrot, Die fraktale Geometrie der Natur, S. 377, 414
137. F. Hausdorff, Das Chaos in kosmischer Auslese, S. 50
138. A. a. O., S. 126, 133, 138
139. F. Nietzsche, Die fröhliche Wissenschaft, § 276f. ニーチェの壮大な様式は美的選択のこの能力を目ざしたものである.『この人を見よ』では, それを彼の言う価値の転換から生まれるものとして, またその条件として目立たせていて,「仲違いすることなく別れる術, 何も混ぜず, 何も〈和解さす〉ことなく, 途方もない多様性, それにもかかわらず, それはカオスの片割れである」と言う (Ecce homo, S. 332).
140. M. Heidegger, Nietzsche, Bd. I, S. 569
141. F. Nietzsche, Die fröhliche Wissenschaft, § 322
142. F. Nietzsche, Also sprach Zarathustra, S. 13

第二章

1. G. Benn, G. W., S. 82f
2. S. George, Das Neue Reich, S. 30
3. S. George, Der Stern des Bundes, S. 44
4. H. Sedlmayr, Verlust der Mitte, S. 133f. ゼドルマイアーは『近代芸術の革命』の中でシュールリアリズムのアトリエを「カオスの工場」と呼んでいる (S. 106).「われわれは怪獣とともに生きている」という彼らの生のモットーの前でゼドルマイアーは呆然と立ちすくんでいる.
5. Th. Adorno, Philosophie der neuen Musik, S. 49f
6. Zit. nach : Chr. Baumgarth, Geschichte des Futurismus, S. 175

7. A. Gehlen, Zeit-Bilder, S. 199
8. Th. Adorno, Die musikalischen Monographien, S. 353
9. A. a. O., S. 163
10. A. a. O., S. 226ff
11. Th. Adorno, Ästhetische Theorie, S. 144
12. Th. Adorno, Minima Moralia, § 143
13. M. Serres, Der Parasit, S. 191 ; 世界の中に存在するとは，それによると，消し去りえないざわめきにさらされていることであって，「カオスのわれわれの統覚，無秩序のわれわれの知覚，事物の異質な分布へのわれわれの幾つかの結びつきは（……）騒音となっている」と言う．これについては，U. Holbein, Der belauschte Lärm も参照．この論文は構想に欠けてはいるが，現象学的に啓発的である．
14. H. Ball, Die Flucht aus der Zeit, S. 79f.——背景にあるカオスのざわめきについては，M, Serres, Der Parasit, S. 83, 111参照．
15. F. Kittler, Aufschreibesysteme 1800/1900, S. 192
16. D. Charles, Au-delà de l'aléa, S. 330
17. H. v. Foerster, Sicht und Einsicht, S. 128
18. M. McLuhan, From Cliché to Archetype, S. 77. 騒音でできたこうした音楽は，決定論的にではなく，ただ偶然に左右されるシステムとしてのみ捉えられうるものである．ルネ・トムの明確な定義によれば，「不規則な変動をするシステムとは，決定論による解明が行えないシステムであって，そうした仮説を騒音の統計的仮説で置き換えている」とされる（René Thom, Mathematical Models of Morphogenesis, S. 121）．自然の騒音のざわめきを背景にした人工の音と「反自然のもの」については，P. Varéry, Werke Bd, 2, S. 39も参照．
19. B. Mandelbrot, Die fraktale Geometrie der Natur, S. 270, 386
20. G. W. Leibniz, Principes de la Nature et de la Grace, § 13
21. F. W. J. Schelling, Philosophie der Mythologie, II. Bd, S. 614
22. R. Wagner, Die Musikdramen, S. 525
23. Th. Adorno, Die musikalischen Monographien, S. 51
24. C. Lévi-Strauss, Der nackte Mensch, S. 774
25. J. W. Goethe, Wilhelm Meisters Wanderjahre, S. 328f
26. I. Kant, Kritik der Urteilskraft, B 77f
27. W. Emrich, Die Symbolik von Faust II, S. 282
28. J. W. Goethe, Des Epimenides Erwachen, Verse 636-719
29. G. Lukács, Die Theorie des Romans, S. 11
30. A. a. O., S. 25
31. W. Benjamin, GS I, S. 181

32. M. Heidegger, Nietzsche, Bd. I, S. 668
33. G. Lukács, Die Seele und die Formen, S. 317
34. G. Lukács, Die Theorie des Romans, S. 119
35. G. Benn, G. W., S. 1240
36. A. a. O., S. 1002f
37. A. a. O., S. 779
38. A. a. O., S. 1910, 2031
39. F. Nake, Ästhetik als Informationsverarbeitung, S. 255
40. M. Bense, Aesthetica, S. 278
41. M. Bense, Das Auge Epikurs, S. 89
42. R. Descartes, Discours de la méthode, S. 18, 20, 77
43. P. Feyerabend, Against Method, S. 179, 196.―― Vgl. hierzu auch R. v. Woldeck, Formeln für das Tohuwabohu, S. 25 ;「思考が情報を生み出すためには，思考はカオス的でなければならない．認識のプロセスがカオス的でないのは，不都合であって，一つの輪に囚われてしまっている」.
44. P. Varéry, Werke Bd, 2, S. 166, 184f.―― Vgl. F. de. Saussure, Cours de linguistique générale, S. 156 :「思考はカオス的な性質があるために，分析することによって明確にされねばならない」.
45. H. Poincaré, Wissenschaft und Methode, S. 57.――このバタフライ効果は後の M. セールにおいて歴史的なプロセスの絶対的メタファーになり，「歴史は弱い原因から強い結果が生まれる場所」とされる（M. Serres, Der Parasit, S. 38）.
46. F. Cramer, Chaos und Ordnung, S. 277
47. P. Bergé/Y. Pomean/Ch. Vidal, Order within Chaos, S. 103
48. A. Turing, Computing Machinery and Intelligence, S. 11f
49. N. Luhmann, Soziologische Aufklärung V, S. 96
50. N. Wiener, zit. nach : S. J. Heims, John von Neumann and Norbert Wiener, S. 155f
51. B. Mandelbrot, Die fraktale Geometrie der Natur, S. 24
52. B. Mandelbrot, Fractals and the Rebirth of Iteration Theory, S. 157
53. J. Gleick, Chaos, S. 94.―― Vgl. P. Varéry, Werke Bd, 2, S. 157f :「固定観念」についての会話の場面は「この上なく不規則な」，「まったく予見できない岸辺の風景」である．つまり「石ばかりのカオス」の「完全な無秩序」である．不規則なものの中に模様といえるものがあるとするとどうであろうか．
54. P. Varéry, Werke Bd, 2, S. 233f
55. J. Gleick, Chaos, S. 152
56. A. a. O., S. 266

57. F. Cramer, Chaos und Ordnung, S. 159
58. I. Prigogine/I. Stengers, Dialog mit der Natur, S. 170, 177
59. F. Cramer, Chaos und Ordnung, S. 263
60. R. Thom, Mathematical Models of Morphogenesis, S. 90
61. J. Gleick, Chaos, S. 103
62. S. Großmann, Selbstähnlichkeit, S. 107
63. F. Cramer, Chaos und Ordnung, S. 176
64. C. Chr. v. Weizsäcker, Ordnung und Chaos in der Wirtschaft, S. 45
65. B. Mandelbrot, Die fraktale Geometrie der Natur, S. 431

第三章

1. C. Schmitt, Römischer Katholizismus und politische Form, S. 16
2. O. Spengler, Der Untergang des Abendlandes, S. 678
3. B. Pike, The City as Cultural Hieroglyph, S. 132
4. L. Klages, Der Geist als Widersacher der Seele, S. 1224, 1228
5. E. Jünger, Das abenteuerliche Herz, S. 90
6. K. R. Scherpe, Ausdruck, Funktion, Medium, S. 157
7. D. Sternberger, Panorama, S. 188
8. D. Barthelme, City Life, S. 172
9. H. Blumenberg, Licht als Metapher der Wahrheit, S. 447
10. H. Blumenberg, Höhlenausgänge, S. 76ff
11. G. Simmel, Soziologie, S. 486
12. G. Simmel, Brücke und Tür, S. 232
13. G. Simmel, Philosophie des Geldes, S. 542
14. W. Benjamin, GS Bd. V, S. 292
15. T. Eaglton, Awakening from Modernity, S. 1
16. M. Weber, Gesammelte Aufsätze zur Wissenschaftslehre, S. 605
17. I. Chambers, Urban Rhythms: Pop Musik and Popular Culture, S. 24
18. J.-F. Lyotard, Le postmoderne expliqué aux enfants, S. 31
19. M. Serres, Der Parasit, S. 148
20. J.-F. Lyotard, a. a. O., Klappentext
21. R. Sukenick, The Death of the Novel, S. 145
22. J.-F. Lyotard, a. a. O., S. 93f
23. J. Habermas, Die Moderne - ein unvollendetes Projekt, S. 32
24. M. Weber, Gesammelte politische Schriften, S. 525
25. W. Benjamin, GS Bd. VI, S. 60
26. A. a. O., Bd. I, S. 455
27. G. W. F. Hegel, Phänomenologie des Geistes, S. 271

28. F. Nietzsche, S. W. Bd. 1, S. 881
29. F. Nietzsche, Zur Genealogie der Moral, III. Abh., § 19
30. F. Nietzsche, Menschliches, Allzumenschliches, II. Bd. 1. Abt., § 188
31. W. Benjamin, GS Bd. IV, S. 112
32. N. Luhmann, Soziale Systeme, S. 207
33. C. Shannon/W. Weaver, The Mathematical Theory of Communication, S. 31
34. N. Luhmann, Soziale Systeme, S. 236, 239
35. A. a. O., S. 220
36. V. Flusser, Nachgeschichten, S. 34.──メディア政策はそれゆえデータ網のトポロジーに基づかねばならない．まさにこのことが「ネットワークの寄生虫」つまりハッカーから学ぶことができる（vgl. M. Serres, Der Parasit, S. 301）.
37. P. Virilio. Das öffentliche Bild, S. 107
38. H. M. Enzensberger, Mittelmaß und Wahn, S. 93
39. M. McLuhan, Understanding Media, S. 68
40. G. Bateson, Steps to an Ecology of Mind. S. 413
41. H. Schertenleib, Televisionen, S. 50
42. H. van den Boom, Digitale Ästhetik, S. 162
43. N. Wiener, Time, Communication and the Nervous System, S. 292
44. M. McLuhan, Understanding Media, S. vii
45. H. van den Boom, Vom Modell zur Simulation, S. 23
46. V. Flusser, Nachgeschichten, S. 116
47. N. Luhmann, Soziologische Aufklärung III, S. 174.──よく似た形でM. セールは幾つもの「入り口」をもち，「滝の形式」の知の秩序をもつ新しい哲学的な言語を要請している（M. Serres, Der Parasit, S. 15, vgl. auch. N. Luhmann, Soziologische Aufklärung IV, S. 6）．ルーマンは「迷路の中には，互いに観察し合い，まさにそのゆえにシステム構造にはなりえても，コンセンサスをうるには至りえない鼠たちがいる．迷路から自由な観察はなく，コンテクストから離れた観察はない．そして当然のことに，このことを記述する理論は，鼠理論である」と言う．
48. Vgl. T. Nelson, Literary Machines
49. A. a. O.── Vgl. hierzu : J. D. Bolter, Writing Space und N. Woodhead, Hypertext & Hypermedia

《叢書・ウニベルシタス　679》
カオスとシミュレーション
2000年5月30日　初版第1刷発行

ノルベルト・ボルツ
山本　尤 訳
発行所　財団法人　法政大学出版局
〒102-0073 東京都千代田区九段北3-2-7
電話03(5214)5540／振替00160-6-95814
製版，印刷　三和印刷／鈴木製本所
© 2000 Hosei University Press
Printed in Japan

ISBN4-588-00679-7

著者紹介

ノルベルト・ボルツ
1953年生まれ．マンハイム，ハイデルベルク，ベルリン（FU）の各大学で哲学，ドイツ文学，英文学，宗教学を学ぶ．ベルリン自由大学の宗教哲学者ヤーコプ・タウベスのもとで，1977年アドルノの美学の論文で博士の学位を取得．1988年に教授資格を得た（この教授資格のための論文は1989年に『批判理論の系譜学〔邦訳題〕』として出版された）．その後同大学に務め，1992年よりエッセン大学コミュニケーション理論講座教授に就任．本書のほか，上記の『批判理論の系譜学』，『仮象小史』，『グーテンベルク銀河系の終焉』（以上，法政大学出版局），『意味に餓える社会』（東京大学出版会）などが邦訳されている．

訳者紹介

山本　尤（やまもと　ゆう）
1930年生まれ．京都府立医科大学名誉教授，大阪電気通信大学教授．専攻：ドイツ現代文学，思想史．著訳書：『ナチズムと大学——国家権力と学問の自由』（中央公論社），G.ベン『著作集Ⅰ,Ⅲ』（社会思想社），プラール『大学制度の社会史』，『ベンヤミン - ショーレム往復書簡』，アルトハウス『ヘーゲル伝』，ザフランスキー『ショーペンハウアー』，同『ハイデガー』，同『悪　あるいは自由のドラマ』，ベルク他『ドイツ文学の社会史』（共訳），シャルガフ『過去からの警告』（同），アリー『最終解決』（同），ボルツ『批判理論の系譜学』（同），ボルツ『仮象小史』〔以上は法政大学出版局〕，ファリアス『ハイデガーとナチズム』（名古屋大学出版会），ハーバマス『遅ればせの革命』，ベンヤミン『パサージュ論Ⅰ - Ⅴ』（以上共訳，岩波書店）ほか．

				(頁)
1	芸術はなぜ必要か	E.フィッシャー／河野徹訳	品切	302
2	空と夢〈運動の想像力にかんする試論〉	G.バシュラール／宇佐見英治訳		442
3	グロテスクなもの	W.カイザー／竹内豊治訳		312
4	塹壕の思想	T.E.ヒューム／長谷川鉱平訳		316
5	言葉の秘密	E.ユンガー／菅谷規矩雄訳		176
6	論理哲学論考	L.ヴィトゲンシュタイン／藤本，坂井訳		350
7	アナキズムの哲学	H.リード／大沢正道訳		318
8	ソクラテスの死	R.グアルディーニ／山村直資訳		366
9	詩学の根本概念	E.シュタイガー／高橋英夫訳		334
10	科学の科学〈科学技術時代の社会〉	M.ゴールドスミス，A.マカイ編／是永純弘訳		346
11	科学の射程	C.F.ヴァイツゼカー／野田，金子訳		274
12	ガリレオをめぐって	オルテガ・イ・ガセット／マタイス，佐々木訳		290
13	幻影と現実〈詩の源泉の研究〉	C.コードウェル／長谷川鉱平訳		410
14	聖と俗〈宗教的なるものの本質について〉	M.エリアーデ／風間敏夫訳		286
15	美と弁証法	G.ルカッチ／良知，池田，小箕訳		372
16	モラルと犯罪	K.クラウス／小松太郎訳		218
17	ハーバート・リード自伝	北條文緒訳		468
18	マルクスとヘーゲル	J.イッポリット／宇津木，田口訳	品切	258
19	プリズム〈文化批判と社会〉	Th.W.アドルノ／竹内，山村，板倉訳		246
20	メランコリア	R.カスナー／塚越敏訳		388
21	キリスト教の苦悶	M.de ウナムーノ／神吉，佐々木訳		202
22	アインシュタイン ゾンマーフェルト往復書簡	A.ヘルマン編／小林，坂口訳	品切	194
23 24	群衆と権力（上・下）	E.カネッティ／岩田行一訳		440 356
25	問いと反問〈芸術論集〉	W.ヴォリンガー／土肥美夫訳		272
26	感覚の分析	E.マッハ／須藤，廣松訳		386
27 28	批判的モデル集（I・II）	Th.W.アドルノ／大久保健治訳	〈品切 品切〉	I 232 II 272
29	欲望の現象学	R.ジラール／古田幸男訳		370
30	芸術の内面への旅	E.ヘラー／河原，杉浦，渡辺訳	品切	284
31	言語起源論	ヘルダー／大阪大学ドイツ近代文学研究会訳		270
32	宗教の自然史	D.ヒューム／福鎌，斎藤訳		144
33	プロメテウス〈ギリシア人の解した人間存在〉	K.ケレーニイ／辻村誠三訳	品切	268
34	人格とアナーキー	E.ムーニエ／山崎，佐藤訳		292
35	哲学の根本問題	E.ブロッホ／竹内豊治訳		194
36	自然と美学〈形体・美・芸術〉	R.カイヨワ／山口三夫訳		112
37 38	歴史論（I・II）	G.マン／加藤，宮野訳	I・品切 II・品切	274 202
39	マルクスの自然概念	A.シュミット／元浜清海訳		316
40	書物の本〈西欧の書物と文化の歴史．書物の美学〉	H.プレッサー／轡田収訳		448
41 42	現代への序説（上・下）	H.ルフェーヴル／宗，古田監訳		220 296
43	約束の地を見つめて	E.フォール／古田幸男訳		320
44	スペクタクルと社会	J.デュビニョー／渡辺淳訳	品切	188
45	芸術と神話	E.グラッシ／榎本久彦訳		266
46	古きものと新しきもの	M.ロベール／城山，島，円子訳		318
47	国家の起源	R.H.ローウィ／古賀英三郎訳		204
48	人間と死	E.モラン／古田幸男訳		448
49	プルーストとシーニュ（増補版）	G.ドゥルーズ／宇波彰訳		252
50	文明の滴定〈科学技術と中国の社会〉	J.ニーダム／橋本敬造訳	品切	452
51	プスタの民	I.ジュラ／加藤二郎訳		382

				(頁)
52 53	社会学的思考の流れ（I・II）	R.アロン／北川, 平野, 他訳		350 392
54	ベルクソンの哲学	G.ドゥルーズ／宇波彰訳		142
55	第三帝国の言語LTI〈ある言語学者のノート〉	V.クレムペラー／羽田, 藤平, 赤井, 中村訳	品切	442
56	古代の芸術と祭祀	J.E.ハリスン／星野徹訳		222
57	ブルジョワ精神の起源	B.グレトゥイゼン／野沢協訳		394
58	カントと物自体	E.アディッケス／赤松常弘訳		300
59	哲学的素描	S.K.ランガー／塚本, 星野訳		250
60	レーモン・ルーセル	M.フーコー／豊崎光一訳		268
61	宗教とエロス	W.シューバルト／石川, 平田, 山本訳	品切	398
62	ドイツ悲劇の根源	W.ベンヤミン／川村, 三城訳		316
63	鍛えられた心〈強制収容所における心理と行動〉	B.ベテルハイム／丸山修吉訳		340
64	失われた範列〈人間の自然性〉	E.モラン／古田幸男訳		308
65	キリスト教の起源	K.カウツキー／栗原佑訳		534
66	ブーバーとの対話	W.クラフト／板倉敏之訳		206
67	プロデメの変貌〈フランスのコミューン〉	E.モラン／宇波彰訳		450
68	モンテスキューとルソー	E.デュルケーム／小関, 川喜多訳	品切	312
69	芸術と文明	K.クラーク／河野徹訳		680
70	自然宗教に関する対話	D.ヒューム／福鎌, 斎藤訳		196
71 72	キリスト教の中の無神論（上・下）	E.ブロッホ／竹内, 高尾訳		234 304
73	ルカーチとハイデガー	L.ゴルドマン／川俣晃自訳		308
74	断　想　1942—1948	E.カネッティ／岩田行一訳		286
75 76	文明化の過程（上・下）	N.エリアス／吉田, 中村, 波田, 他訳		466 504
77	ロマンスとリアリズム	C.コードウェル／玉井, 深井, 山本訳		238
78	歴史と構造	A.シュミット／花崎皋平訳		192
79 80	エクリチュールと差異（上・下）	J.デリダ／若桑, 野村, 阪上, 三好, 他訳		378 296
81	時間と空間	E.マッハ／野家啓一編訳		258
82	マルクス主義と人格の理論	L.セーヴ／大津真作訳		708
83	ジャン=ジャック・ルソー	B.グレトゥイゼン／小池健男訳		394
84	ヨーロッパ精神の危機	P.アザール／野沢協訳		772
85	カフカ〈マイナー文学のために〉	G.ドゥルーズ, F.ガタリ／宇波, 岩田訳		210
86	群衆の心理	H.ブロッホ／入野田, 小崎, 小岸訳	品切	580
87	ミニマ・モラリア	Th.W.アドルノ／三光長治訳		430
88 89	夢と人間社会（上・下）	R.カイヨワ, 他／三好郁郎, 他訳		374 340
90	自由の構造	C.ベイ／横越英一訳		744
91	1848年〈二月革命の精神史〉	J.カスー／野沢協, 他訳		326
92	自然の統一	C.F.ヴァイツゼカー／斎藤, 河井訳	品切	560
93	現代戯曲の理論	P.ションディ／市村, 丸山訳	品切	250
94	百科全書の起源	F.ヴェントゥーリ／大津真作訳	品切	324
95	推測と反駁〈科学的知識の発展〉	K.R.ポパー／藤本, 石垣, 森訳		816
96	中世の共産主義	K.カウツキー／栗原佑訳		400
97	批評の解剖	N.フライ／海老根, 中村, 出淵, 山内訳		580
98	あるユダヤ人の肖像	A.メンミ／菊地, 白井訳		396
99	分類の未開形態	E.デュルケーム／小関藤一郎訳	品切	232
100	永遠に女性的なるもの	H.ド・リュバック／山崎庸一郎訳		360
101	ギリシア神話の本質	G.S.カーク／吉田, 辻村, 松田訳	品切	390
102	精神分析における象徴界	G.ロゾラート／佐々木孝次訳		508
103	物の体系〈記号の消費〉	J.ボードリヤール／宇波彰訳		280

				(頁)
104	言語芸術作品〔第2版〕	W.カイザー／柴田斎訳	品切	688
105	同時代人の肖像	F.ブライ／池内紀訳		212
106	レオナルド・ダ・ヴィンチ〔第2版〕	K.クラーク／丸山,大河内訳		344
107	宮廷社会	N.エリアス／波田,中埜,吉田訳		480
108	生産の鏡	J.ボードリヤール／宇波,今村訳		184
109	祭祀からロマンスへ	J.L.ウェストン／丸小哲雄訳		290
110	マルクスの欲求理論	A.ヘラー／良知,小箕訳		198
111	大革命前夜のフランス	A.ソブール／山崎耕一訳	品切	422
112	知覚の現象学	メルロ=ポンティ／中島盛夫訳		904
113	旅路の果てに〈アルペイオスの流れ〉	R.カイヨワ／金井裕訳		222
114	孤独の迷宮〈メキシコの文化と歴史〉	O.パス／高山,熊谷訳		320
115	暴力と聖なるもの	R.ジラール／古田幸男訳		618
116	歴史をどう書くか	P.ヴェーヌ／大津真作訳		604
117	記号の経済学批判	J.ボードリヤール／今村,宇波,桜井訳	品切	304
118	フランス紀行〈1787,1788&1789〉	A.ヤング／宮崎洋訳		432
119	供　犠	M.モース,H.ユベール／小関藤一郎訳		296
120	差異の目録〈歴史を変えるフーコー〉	P.ヴェーヌ／大津真作訳	品切	198
121	宗教とは何か	G.メンシング／田中,下宮訳		442
122	ドストエフスキー	R.ジラール／鈴木晶訳		200
123	さまざまな場所〈死の影の都市をめぐる〉	J.アメリー／池内紀訳		210
124	生　成〈概念をこえる試み〉	M.セール／及川馥訳		272
125	アルバン・ベルク	Th.W.アドルノ／平野嘉彦訳		320
126	映画　あるいは想像上の人間	E.モラン／渡辺淳訳		320
127	人間論〈時間・責任・価値〉	R.インガルデン／武井,赤松訳		294
128	カント〈その生涯と思想〉	A.グリガ／西牟田,浜田訳		464
129	同一性の寓話〈詩的神話学の研究〉	N.フライ／駒沢大学フライ研究会訳		496
130	空間の心理学	A.モル,E.ロメル／渡辺淳訳		326
131	飼いならされた人間と野性的人間	S.モスコヴィッシ／古田幸男訳		336
132	方　法　1.自然の自然	E.モラン／大津真作訳	品切	658
133	石器時代の経済学	M.サーリンズ／山内昶訳		464
134	世の初めから隠されていること	R.ジラール／小池健男訳		760
135	群衆の時代	S.モスコヴィッシ／古田幸男訳	品切	664
136	シミュラークルとシミュレーション	J.ボードリヤール／竹原あき子訳		234
137	恐怖の権力〈アブジェクシオン〉試論	J.クリステヴァ／枝川昌雄訳		420
138	ボードレールとフロイト	L.ベルサーニ／山縣直子訳		240
139	悪しき造物主	E.M.シオラン／金井裕訳		228
140	終末論と弁証法〈マルクスの社会・政治思想〉	S.アヴィネリ／中村恒矩訳	品切	392
141	経済人類学の現在	F.プイヨン編／山内昶訳		236
142	視覚の瞬間	K.クラーク／北條文緒訳		304
143	罪と罰の彼岸	J.アメリー／池内紀訳		210
144	時間・空間・物質	B.K.ライドレー／中島龍三訳	品切	226
145	離脱の試み〈日常生活への抵抗〉	S.コーエン,N.テイラー／石黒毅訳		321
146	人間怪物論〈人間脱走の哲学の素描〉	U.ホルストマン／加藤二郎訳		206
147	カントの批判哲学	G.ドゥルーズ／中島盛夫訳		160
148	自然と社会のエコロジー	S.モスコヴィッシ／久米,原訳		440
149	壮大への渇仰	L.クローネンバーガー／岸,倉田訳		368
150	奇蹟論・迷信論・自殺論	D.ヒューム／福鎌,斎藤訳		200
151	クルティウスージッド往復書簡	ディークマン編／円子千代訳		376
152	離脱の寓話	M.セール／及川馥訳		178

				(頁)
153	エクスタシーの人類学	I.M.ルイス／平沼孝之訳		352
154	ヘンリー・ムア	J.ラッセル／福田真一訳		340
155	誘惑の戦略	J.ボードリヤール／宇波彰訳		260
156	ユダヤ神秘主義	G.ショーレム／山下,石丸,他訳		644
157	蜂の寓話〈私悪すなわち公益〉	B.マンデヴィル／泉谷治訳		412
158	アーリア神話	L.ポリアコフ／アーリア主義研究会訳		544
159	ロベスピエールの影	P.ガスカール／佐藤和生訳		440
160	元型の空間	E.ゾラ／丸小哲雄訳		336
161	神秘主義の探究〈方法論的考察〉	E.スタール／宮元啓一,他訳		362
162	放浪のユダヤ人〈ロート・エッセイ集〉	J.ロート／平田,吉田訳		344
163	ルフー，あるいは取壊し	J.アメリー／神崎巌訳		250
164	大世界劇場〈宮廷祝宴の時代〉	R.アレヴィン,K.ゼルツレ／円子修平訳	品切	200
165	情念の政治経済学	A.ハーシュマン／佐々木,旦訳		192
166	メモワール〈1940-44〉	レミ／築島謙三訳		520
167	ギリシア人は神話を信じたか	P.ヴェーヌ／大津真作訳	品切	340
168	ミメーシスの文学と人類学	R.ジラール／浅野敏夫訳		410
169	カバラとその象徴的表現	G.ショーレム／岡部,小岸訳		340
170	身代りの山羊	R.ジラール／織田,富永訳	品切	384
171	人間〈その本性および世界における位置〉	A.ゲーレン／平野具男訳	品切	608
172	コミュニケーション〈ヘルメスI〉	M.セール／豊田,青木訳		358
173	道　化〈つまずきの現象学〉	G.v.バルレーヴェン／片岡啓治訳	品切	260
174	いま,ここで〈アウシュヴィッツとヒロシマ以後の哲学的考察〉	G.ピヒト／斎藤,浅野,大野,河井訳		600
175 176 177	真理と方法〔全三冊〕	H.-G.ガダマー／轡田,麻生,三島,他訳		I・350 II・ III・
178	時間と他者	E.レヴィナス／原田佳彦訳		140
179	構成の詩学	B.ウスペンスキイ／川崎,大石訳	品切	282
180	サン=シモン主義の歴史	S.シャルレティ／沢崎,小杉訳		528
181	歴史と文芸批評	G.デルフォ,A.ロッシュ／川中子弘訳		472
182	ミケランジェロ	H.ヒバード／中山,小野訳	品切	578
183	観念と物質〈思考・経済・社会〉	M.ゴドリエ／山内昶訳		340
184	四つ裂きの刑	E.M.シオラン／金井裕訳		234
185	キッチュの心理学	A.モル／万沢正美訳		344
186	領野の漂流	J.ヴィヤール／山下俊一訳		226
187	イデオロギーと想像力	G.C.カバト／小箕俊介訳		300
188	国家の起源と伝承〈古代インド社会史論〉	R.=ターパル／山崎,成澤訳		322
189	ベルナール師匠の秘密	P.ガスカール／佐藤和生訳		374
190	神の存在論的証明	D.ヘンリッヒ／本間,須田,座小田,他訳		456
191	アンチ・エコノミクス	J.アタリ,M.ギヨーム／斎藤,安孫子訳		322
192	クローチェ政治哲学論集	B.クローチェ／上村忠男編訳		188
193	フィヒテの根源的洞察	D.ヘンリッヒ／座小田,小松訳		184
194	哲学の起源	オルテガ・イ・ガセット／佐々木孝訳	品切	224
195	ニュートン力学の形成	ベー・エム・ゲッセン／秋間実,他訳		312
196	遊びの遊び	J.デュビニョー／渡辺淳訳	品切	160
197	技術時代の魂の危機	A.ゲーレン／平野具男訳	品切	222
198	儀礼としての相互行為	E.ゴッフマン／広瀬,安江訳	品切	376
199	他者の記号学〈アメリカ大陸の征服〉	T.トドロフ／及川,大谷,菊地訳		370
200	カント政治哲学の講義	H.アーレント著,R.ベイナー編／浜田監訳		302
201	人類学と文化記号論	M.サーリンズ／山内昶訳		354
202	ロンドン散策	F.トリスタン／小杉,浜本訳		484

				(頁)
203	秩序と無秩序	J.-P.デュピュイ／古田幸男訳		324
204	象徴の理論	T.トドロフ／及川馥, 他訳		536
205	資本とその分身	M.ギヨーム／斉藤日出治訳		240
206	干　渉〈ヘルメスII〉	M.セール／豊田彰訳		276
207	自らに手をくだし〈自死について〉	J.アメリー／大河内了義訳		222
208	フランス人とイギリス人	R.フェイバー／北條, 大島訳	品切	304
209	カーニバル〈その歴史的・文化的考察〉	J.カロ・バロッハ／佐々木孝訳	品切	622
210	フッサール現象学	A.F.アグィーレ／川島, 工藤, 林訳		232
211	文明の試練	J.M.カディヒィ／塚本, 秋山, 寺西, 島訳		538
212	内なる光景	J.ポミエ／角山, 池部訳		526
213	人間の原型と現代の文化	A.ゲーレン／池井望訳		422
214	ギリシアの光と神々	K.ケレーニイ／円子修平訳		178
215	初めに愛があった〈精神分析と信仰〉	J.クリステヴァ／枝川昌雄訳		146
216	バロックとロココ	W.v.ニーベルシュッツ／竹内章訳		164
217	誰がモーセを殺したか	S.A.ハンデルマン／山形和美訳		514
218	メランコリーと社会	W.レペニース／岩田, 小竹訳		380
219	意味の論理学	G.ドゥルーズ／岡田, 宇波訳		460
220	新しい文化のために	P.ニザン／木内孝訳		352
221	現代心理論集	P.ブールジェ／平岡, 伊藤訳		362
222	パラジット〈寄食者の論理〉	M.セール／及川, 米山訳		466
223	虐殺された鳩〈暴力と国家〉	H.ラボリ／川中子弘訳		240
224	具象空間の認識論〈反・解釈学〉	F.ダゴニェ／金森修訳		300
225	正常と病理	G.カンギレム／滝沢武久訳		320
226	フランス革命論	J.G.フィヒテ／桝田啓三郎訳		396
227	クロード・レヴィ=ストロース	O.パス／鼓, 木村訳		160
228	バロックの生活	P.ラーンシュタイン／波田節夫訳		520
229	うわさ〈もっとも古いメディア〉増補版	J.-N.カプフェレ／古田幸男訳		394
230	後期資本制社会システム	C.オッフェ／寿福真美編訳		358
231	ガリレオ研究	A.コイレ／菅谷暁訳	品切	482
232	アメリカ	J.ボードリヤール／田中正人訳		220
233	意識ある科学	E.モラン／村上光彦訳		400
234	分子革命〈欲望社会のミクロ分析〉	F.ガタリ／杉村昌昭訳		340
235	火，そして霧の中の信号―ゾラ	M.セール／寺田光徳訳		568
236	煉獄の誕生	J.ル・ゴッフ／渡辺, 内田訳		698
237	サハラの夏	E.フロマンタン／川端康夫訳		336
238	パリの悪魔	P.ガスカール／佐藤和夫訳		256
239 240	自然の人間的歴史（上・下）	S.モスコヴィッシ／大津真作訳		上・494 下・390
241	ドン・キホーテ頌	P.アザール／円子千代訳	品切	348
242	ユートピアへの勇気	G.ピヒト／河井徳治訳		202
243	現代社会とストレス〔原書改訂版〕	H.セリエ／杉, 田多井, 藤井, 竹宮訳		482
244	知識人の終焉	J.-F.リオタール／原田佳彦, 他訳		140
245	オマージュの試み	E.M.シオラン／金井裕訳		154
246	科学の時代における理性	H.-G.ガダマー／本間, 座小田訳		158
247	イタリア人の太古の知恵	G.ヴィーコ／上村忠男訳		190
248	ヨーロッパを考える	E.モラン／林　勝一訳		238
249	労働の現象学	J.-L.プチ／今村, 松島訳		388
250	ポール・ニザン	Y.イシャグプール／川俣晃自訳		356
251	政治的判断力	R.ベイナー／浜田義文監訳		310
252	知覚の本性〈初期論文集〉	メルロ=ポンティ／加賀野井秀一訳		158

				(頁)
352	倫理・政治的ディスクール	O.ヘッフェ／青木隆嘉訳		312
353	モーツァルト	N.エリアス／青木隆嘉訳		198
354	参加と距離化	N.エリアス／波田,道籏訳		276
355	二十世紀からの脱出	E.モラン／秋枝茂夫訳		384
356	無限の二重化	W.メニングハウス／伊藤秀一訳		350
357	フッサール現象学の直観理論	E.レヴィナス／佐藤,桑野訳		506
358	始まりの現象	E.W.サイード／山形,小林訳		684
359	サテュリコン	H.P.デュル／原研二訳		258
360	芸術と疎外	H.リード／増渕正史訳	品切	262
361	科学的理性批判	K.ヒュプナー／神野,中才,熊谷訳		476
362	科学と懐疑論	J.ワトキンス／中才敏郎訳		354
363	生きものの迷路	A.モール,E.ロメル／古田幸男訳		240
364	意味と力	G.バランディエ／小関藤一郎訳		406
365	十八世紀の文人科学者たち	W.レペニース／小川さくえ訳		182
366	結晶と煙のあいだ	H.アトラン／阪上脩訳		376
367	生への闘争〈闘争本能・性・意識〉	W.J.オング／高柳,橋爪訳		326
368	レンブラントとイタリア・ルネサンス	K.クラーク／尾崎,芳野訳		334
369	権力の批判	A.ホネット／河上倫逸監訳		476
370	失われた美学〈マルクスとアヴァンギャルド〉	M.A.ローズ／長田,池田,長野,長田訳		332
371	ディオニュソス	M.ドゥティエンヌ／及川,吉岡訳		164
372	メディアの理論	F.イングリス／伊藤,磯山訳		380
373	生き残ること	B.ベテルハイム／高尾利数訳		646
374	バイオエシックス	F.ダゴニェ／金森,松浦訳		316
375 376	エディプスの謎（上・下）	N.ビショッフ／藤代,井本,他訳		上・450 下・464
377	重大な疑問〈懐疑的省察録〉	E.シャルガフ／山形,小野,他訳		404
378	中世の食生活〈断食と宴〉	B.A.ヘニッシュ／藤原保明訳	品切	538
379	ポストモダン・シーン	A.クローカー,D.クック／大熊昭信訳		534
380	夢の時〈野生と文明の境界〉	H.P.デュル／岡部,原,須永,荻野訳		674
381	理性よ，さらば	P.ファイヤアーベント／植木哲也訳	品切	454
382	極限に面して	T.トドロフ／宇京頼三訳		376
383	自然の社会化	K.エーダー／寿福真美監訳		474
384	ある反時代的考察	K.レーヴィット／中村啓,永沼更始郎訳		526
385	図書館炎上	W.シヴェルブシュ／福本義憲訳		274
386	騎士の時代	F.v.ラウマー／柳井尚子訳		506
387	モンテスキュー〈その生涯と思想〉	J.スタロバンスキー／古賀英三郎,高橋誠訳		312
388	理解の鋳型〈東西の思想経験〉	J.ニーダム／井上英明訳		510
389	風景画家レンブラント	E.ラルセン／大谷,尾崎訳		208
390	精神分析の系譜	M.アンリ／山形頼洋,他訳		546
391	金《かね》と魔術	H.C.ビンスヴァンガー／清水健次訳		218
392	自然誌の終焉	W.レペニース／山村直資訳		346
393	批判的解釈学	J.B.トンプソン／山本,小川訳		376
394	人間にはいくつの真理が必要か	R.ザフランスキー／山本,藤井訳		232
395	現代芸術の出発	Y.イシャグプール／川俣晃自訳		170
396	青春　ジュール・ヴェルヌ論	M.セール／豊田彰訳		398
397	偉大な世紀のモラル	P.ベニシュー／朝倉,羽賀訳		428
398	諸国民の時に	E.レヴィナス／合田正人訳		348
399 400	バベルの後に（上・下）	G.スタイナー／亀山健吉訳		上・482 下・
401	チュービンゲン哲学入門	E.ブロッホ／花田監修・菅谷,今井,三国訳		422

				(頁)
402	歴史のモラル	T.トドロフ／大谷尚文訳		386
403	不可解な秘密	E.シャルガフ／山本,内藤訳		260
404	ルソーの世界〈あるいは近代の誕生〉	J.-L.ルセルクル／小林浩訳	品切	378
405	死者の贈り物	D.サルナーヴ／菊地,白井訳		186
406	神もなく韻律もなく	H.P.デュル／青木隆嘉訳		292
407	外部の消失	A.コドレスク／利沢行夫訳		276
408	狂気の社会史〈狂人たちの物語〉	R.ポーター／目羅公和訳		428
409	続・蜂の寓話	B.マンデヴィル／泉谷治訳		436
410	悪口を習う〈近代初期の文化論集〉	S.グリーンブラット／磯山甚一訳		354
411	危険を冒して書く〈異色作家たちのパリ・インタヴュー〉	J.ワイス／浅野敏夫訳		300
412	理論を讃えて	H.-G.ガダマー／本間,須田訳		194
413	歴史の島々	M.サーリンズ／山本真鳥訳		306
414	ディルタイ〈精神科学の哲学者〉	R.A.マックリール／大野,田中,他訳		578
415	われわれのあいだで	E.レヴィナス／合田,谷口訳		368
416	ヨーロッパ人とアメリカ人	S.ミラー／池田栄一訳		358
417	シンボルとしての樹木	M.ルルカー／林 捷 訳		276
418	秘めごとの文化史	H.P.デュル／藤代,津山訳		662
419	眼の中の死〈古代ギリシアにおける他者の像〉	J.-P.ヴェルナン／及川,吉岡訳		144
420	旅の思想史	E.リード／伊藤誓訳		490
421	病のうちなる治療薬	J.スタロバンスキー／小池,川那部訳		356
422	祖国地球	E.モラン／菊地昌実訳		234
423	寓意と表象・再現	S.J.グリーンブラット編／船倉正憲訳		384
424	イギリスの大学	V.H.H.グリーン／安原,成定訳		516
425	未来批判 あるいは世界史に対する嫌悪	E.シャルガフ／山本,伊藤訳		276
426	見えるものと見えざるもの	メルロ=ポンティ／中島盛夫監訳		618
427	女性と戦争	J.B.エルシュテイン／小林,廣川訳		486
428	カント入門講義	H.バウムガルトナー／有福孝岳監訳		204
429	ソクラテス裁判	I.F.ストーン／永田康昭訳		470
430	忘我の告白	M.ブーバー／田口義弘訳		348
431 432	時代おくれの人間(上・下)	G.アンダース／青木隆嘉訳		上・432 下・546
433	現象学と形而上学	J.-L.マリオン他編／三上,重永,檜垣訳		388
434	祝福から暴力へ	M.ブロック／田辺,秋津訳		426
435	精神分析と横断性	F.ガタリ／杉村,毬藻訳		462
436	競争社会をこえて	A.コーン／山本,真水訳		530
437	ダイアローグの思想	M.ホルクウィスト／伊藤誓訳		370
438	社会学とは何か	N.エリアス／徳安彰訳		250
439	E.T.A.ホフマン	R.ザフランスキー／識名章喜訳		636
440	所有の歴史	J.アタリ／山内昶訳		580
441	男性同盟と母権制神話	N.ゾンバルト／田村和彦訳		516
442	ヘーゲル以後の歴史哲学	H.シュネーデルバッハ／古東哲明訳		282
443	同時代人ベンヤミン	H.マイヤー／岡部仁訳		140
444	アステカ帝国滅亡記	G.ボド,T.トドロフ編／大谷,菊地訳		662
445	迷宮の岐路	C.カストリアディス／宇京頼三訳		404
446	意識と自然	K.K.チョウ／志水,山本監訳		422
447	政治的正義	O.ヘッフェ／北尾,平石,望月訳		598
448	象徴と社会	K.バーク著,ガスフィールド編／森常治訳		580
449	神・死・時間	E.レヴィナス／合田正人訳		360
450	ローマの祭	G.デュメジル／大橋寿美子訳		446

			(頁)
451	エコロジーの新秩序	L.フェリ／加藤宏幸訳	274
452	想念が社会を創る	C.カストリアディス／江口幹訳	392
453	ウィトゲンシュタイン評伝	B.マクギネス／藤本, 今井, 宇都宮, 髙橋訳	612
454	読みの快楽	R.オールター／山形, 中田, 田中訳	346
455	理性・真理・歴史〈内在的実在論の展開〉	H.パトナム／野本和幸, 他訳	360
456	自然の諸時期	ビュフォン／菅谷暁訳	440
457	クロポトキン伝	ピルーモヴァ／左近毅訳	384
458	征服の修辞学	P.ヒューム／岩尾, 正木, 本橋訳	492
459	初期ギリシア科学	G.E.R.ロイド／山野, 山口訳	246
460	政治と精神分析	G.ドゥルーズ, F.ガタリ／杉村昌昭訳	124
461	自然契約	M.セール／及川, 米山訳	230
462	細分化された世界〈迷宮の岐路III〉	C.カストリアディス／宇京賴三訳	332
463	ユートピア的なもの	L.マラン／梶野吉郎訳	420
464	恋愛礼讃	M.ヴァレンシー／沓掛, 川端訳	496
465	転換期〈ドイツ人とドイツ〉	H.マイヤー／宇京早苗訳	466
466	テクストのぶどう畑で	I.イリイチ／岡部佳世訳	258
467	フロイトを読む	P.ゲイ／坂口, 大島訳	304
468	神々を作る機械	S.モスコヴィッシ／古田幸男訳	750
469	ロマン主義と表現主義	A.K.ウィードマン／大森淳史訳	378
470	宗教論	N.ルーマン／土方昭, 土方透訳	138
471	人格の成層論	E.ロータッカー／北村監訳・大久保, 他訳	278
472	神　罰	C.v.リンネ／小川さくえ訳	432
473	エデンの園の言語	M.オランデール／浜﨑設夫訳	338
474	フランスの自伝〈自伝文学の主題と構造〉	P.ルジュンヌ／小倉孝誠訳	342
475	ハイデガーとヘブライの遺産	M.ザラデル／合田正人訳	390
476	真の存在	G.スタイナー／工藤政司訳	266
477	言語芸術・言語記号・言語の時間	R.ヤコブソン／浅川順子訳	388
478	エクリール	C.ルフォール／宇京賴三訳	420
479	シェイクスピアにおける交渉	S.J.グリーンブラット／酒井正志訳	334
480	世界・テキスト・批評家	E.W.サイード／山形和美訳	584
481	絵画を見るディドロ	J.スタロバンスキー／小西嘉幸訳	148
482	ギボン〈歴史を創る〉	R.ポーター／中野, 海保, 松原訳	272
483	欺瞞の書	E.M.シオラン／金井裕訳	252
484	マルティン・ハイデガー	H.エーベリング／青木隆嘉訳	252
485	カフカとカバラ	K.E.グレーツィンガー／清水健次訳	390
486	近代哲学の精神	H.ハイムゼート／座小田豊, 他訳	448
487	ベアトリーチェの身体	R.P.ハリスン／船倉正憲訳	304
488	技術〈クリティカル・セオリー〉	A.フィーンバーグ／藤本正文訳	510
489	認識論のメタクリティーク	Th.W.アドルノ／古賀, 細見訳	370
490	地獄の歴史	A.K.ターナー／野﨑嘉信訳	456
491	昔話と伝説〈物語文学の二つの基本形式〉	M.リューティ／高木昌史, 万里子訳　品切	362
492	スポーツと文明化〈興奮の探究〉	N.エリアス, E.ダニング／大平章訳	490
493 494	地獄のマキアヴェッリ（I・II）	S.de.グラツィア／田中治男訳	I・352 II・306
495	古代ローマの恋愛詩	P.ヴェーヌ／鎌田博夫訳	352
496	証人〈言葉と科学についての省察〉	E.シャルガフ／山本, 内藤訳	252
497	自由とはなにか	P.ショーニュ／西川, 小田桐訳	472
498	現代世界を読む	M.マフェゾリ／菊地昌実訳	186
499	時間を読む	M.ピカール／寺田光徳訳	266
500	大いなる体系	N.フライ／伊藤誓訳	478

			(頁)
501	音楽のはじめ	C.シュトゥンプ／結城錦一訳	208
502	反ニーチェ	L.フェリー他／遠藤文彦訳	348
503	マルクスの哲学	E.バリバール／杉山吉弘訳	222
504	サルトル，最後の哲学者	A.ルノー／水野浩二訳	296
505	新不平等起源論	A.テスタール／山内昶訳	298
506	敗者の祈禱書	シオラン／金井裕訳	184
507	エリアス・カネッティ	Y.イシャグプール／川俣晃自訳	318
508	第三帝国下の科学	J.オルフ＝ナータン／宇京頼三訳	424
509	正も否も縦横に	H.アトラン／寺田光徳訳	644
510	ユダヤ人とドイツ	E.トラヴェルソ／宇京頼三訳	322
511	政治的風景	M.ヴァルンケ／福本義憲訳	202
512	聖句の彼方	E.レヴィナス／合田正人訳	350
513	古代憧憬と機械信仰	H.ブレーデカンプ／藤代，津山訳	230
514	旅のはじめに	D.トリリング／野島秀勝訳	602
515	ドゥルーズの哲学	M.ハート／田代，井上，浅野，暮沢訳	294
516	民族主義・植民地主義と文学	T.イーグルトン他／増渕，安藤，大友訳	198
517	個人について	P.ヴェーヌ他／大谷尚文訳	194
518	大衆の装飾	S.クラカウアー／船戸，野村訳	350
519 520	シベリアと流刑制度（I・II）	G.ケナン／左近毅訳	I・632 II・642
521	中国とキリスト教	J.ジェルネ／鎌田博夫訳	396
522	実存の発見	E.レヴィナス／佐藤真理人，他訳	480
523	哲学的認識のために	G.-G.グランジェ／植木哲也訳	342
524	ゲーテ時代の生活と日常	P.ラーンシュタイン／上西川原章訳	832
525	ノッツ nOts	M.C.テイラー／浅野敏夫訳	480
526	法の現象学	A.コジェーヴ／今村，堅田訳	768
527	始まりの喪失	B.シュトラウス／青木隆嘉訳	196
528	重　合	ベーネ，ドゥルーズ／江口修訳	170
529	イングランド18世紀の社会	R.ポーター／目羅公和訳	630
530	他者のような自己自身	P.リクール／久米博訳	558
531	鷲と蛇〈シンボルとしての動物〉	M.ルルカー／林捷訳	270
532	マルクス主義と人類学	M.ブロック／山内昶，山内彰訳	256
533	両性具有	M.セール／及川馥訳	218
534	ハイデガー〈ドイツの生んだ巨匠とその時代〉	R.ザフランスキー／山本尤訳	696
535	啓蒙思想の背任	J.-C.ギユボー／菊地，白井訳	218
536	解明　M.セールの世界	M.セール／梶野，竹中訳	334
537	語りは罠	L.マラン／鎌田博夫訳	176
538	歴史のエクリチュール	M.セルトー／佐藤和生訳	542
539	大学とは何か	J.ペリカン／田口孝夫訳	374
540	ローマ　定礎の書	M.セール／高尾謙史訳	472
541	啓示とは何か〈あらゆる啓示批判の試み〉	J.G.フィヒテ／北岡武司訳	252
542	力の場〈思想史と文化批判のあいだ〉	M.ジェイ／今井道夫，他訳	382
543	イメージの哲学	F.ダゴニェ／水野浩二訳	410
544	精神と記号	F.ガタリ／杉村昌昭訳	180
545	時間について	N.エリアス／井本，青木訳	238
546	ルクレティウスのテキストにおける物理学の誕生	M.セール／豊田彰訳	320
547	異端カタリ派の哲学	R.ネッリ／柴田和雄訳	290
548	ドイツ人論	N.エリアス／青木隆嘉訳	576
549	俳　優	J.デュヴィニョー／渡辺淳訳	346

			(頁)
550	ハイデガーと実践哲学	O.ペゲラー他,編／竹市,下村監訳	584
551	彫　像	M.セール／米山親能訳	366
552	人間的なるものの庭	C.F.v.ヴァイツゼカー／山辺建訳	
553	思考の図像学	A.フレッチャー／伊藤誓訳	472
554	反動のレトリック	A.O.ハーシュマン／岩崎稔訳	250
555	暴力と差異	A.J.マッケナ／夏目博明訳	354
556	ルイス・キャロル	J.ガッテニョ／鈴木晶訳	462
557	タオスのロレンゾー〈D.H.ロレンス回想〉	M.D.ルーハン／野島秀勝訳	490
558	エル・シッド〈中世スペインの英雄〉	R.フレッチャー／林邦夫訳	414
559	ロゴスとことば	S.プリケット／小野功生訳	486
560 561	盗まれた稲妻〈呪術の社会学〉(上・下)	D.L.オキーフ／谷林眞理子,他訳	上・490 下・656
562	リビドー経済	J.-F.リオタール／杉山,吉谷訳	458
563	ポスト・モダニティの社会学	S.ラッシュ／田中義久監訳	462
564	狂暴なる霊長類	J.A.リヴィングストン／大平章訳	310
565	世紀末社会主義	M.ジェイ／今村,大谷訳	334
566	両性平等論	F.P.de ラ・バール／佐藤和夫,他訳	330
567	暴虐と忘却	R.ボイヤーズ／田部井孝次・世志子訳	524
568	異端の思想	G.アンダース／青木隆嘉訳	518
569	秘密と公開	S.ボク／大沢正道訳	470
570 571	大航海時代の東南アジア(I・II)	A.リード／平野,田中訳	I・430 II・
572	批判理論の系譜学	N.ボルツ／山本,大貫訳	332
573	メルヘンへの誘い	M.リューティ／高木昌史訳	200
574	性と暴力の文化史	H.P.デュル／藤代,津山訳	768
575	歴史の不測	E.レヴィナス／合田,谷口訳	316
576	理論の意味作用	T.イーグルトン／山形和美訳	196
577	小集団の時代〈大衆社会における個人主義の衰退〉	M.マフェゾリ／古田幸男訳	334
578 579	愛の文化史(上・下)	S.カーン／青木,斎藤訳	上・334 下・384
580	文化の擁護〈1935年パリ国際作家大会〉	ジッド他／相磯,五十嵐,石黒,高橋編訳	752
581	生きられる哲学〈生活世界の現象学と批判理論の思考形式〉	F.フェルマン／堀栄造訳	282
582	十七世紀イギリスの急進主義と文学	C.ヒル／小野,圓月訳	444
583	このようなことが起こり始めたら…	R.ジラール／小池,住谷訳	226
584	記号学の基礎理論	J.ディーリー／大熊昭信訳	286
585	真理と美	S.チャンドラセカール／豊田彰訳	328
586	シオラン対談集	E.M.シオラン／金井裕訳	336
587	時間と社会理論	B.アダム／伊藤,磯山訳	338
588	懐疑的省察ABC〈続・重大な疑問〉	E.シャルガフ／山本,伊藤訳	244
589	第三の知恵	M.セール／及川馥訳	250
590 591	絵画における真理(上・下)	J.デリダ／高橋,阿部訳	上・322 下・390
592	ウィトゲンシュタインと宗教	N.マルカム／黒崎宏訳	256
593	シオラン〈あるいは最後の人間〉	S.ジョドー／金井裕訳	212
594	フランスの悲劇	T.トドロフ／大谷尚文訳	304
595	人間の生の遺産	E.シャルガフ／清水健次,他訳	392
596	聖なる快楽〈性,神話,身体の政治〉	R.アイスラー／浅野敏夫訳	876
597	原子と爆弾とエスキモーキス	C.G.セグレー／野島秀勝訳	408
598	海からの花嫁〈ギリシア神話研究の手引き〉	J.シャーウッドスミス／吉田,佐藤訳	234
599	神に代わる人間	L.フェリー／菊地,白井訳	220
600	パンと競技場〈ギリシア・ローマ時代の政治と都市の社会学的歴史〉	P.ヴェーヌ／鎌田博夫訳	1032

			(頁)
601	ギリシア文学概説	J.ド・ロミイ／細井,秋山訳	486
602	パロールの奪取	M.セルトー／佐藤和生訳	200
603	68年の思想	L.フェリー他／小野潮訳	348
604	ロマン主義のレトリック	P.ド・マン／山形,岩坪訳	470
605	探偵小説あるいはモデルニテ	J.デュボア／鈴木智之訳	380
606 607 608	近代の正統性〔全三冊〕	H.ブルーメンベルク／斎藤,忽那 佐藤,村井訳	I・328 II・ III・
609	危険社会〈新しい近代への道〉	U.ベック／東,伊藤訳	502
610	エコロジーの道	E.ゴールドスミス／大熊昭信訳	654
611	人間の領域〈迷宮の岐路II〉	C.カストリアディス／米山親能訳	626
612	戸外で朝食を	H.P.デュル／藤代幸一訳	190
613	世界なき人間	G.アンダース／青木隆嘉訳	366
614	唯物論シェイクスピア	F.ジェイムソン／川口喬一訳	402
615	核時代のヘーゲル哲学	H.クロンバッハ／植木哲也訳	380
616	詩におけるルネ・シャール	P.ヴェーヌ／西永良成訳	832
617	近世の形而上学	H.ハイムゼート／北岡武司訳	506
618	フロベールのエジプト	G.フロベール／斎藤昌三訳	344
619	シンボル・技術・言語	E.カッシーラー／篠木,高野訳	352
620	十七世紀イギリスの民衆と思想	C.ヒル／小野,圓月,箭川訳	520
621	ドイツ政治哲学史	H.リュッベ／今井道夫訳	312
622	最終解決〈民族移動とヨーロッパのユダヤ人殺害〉	G.アリー／山本,三島訳	470
623	中世の人間	J.ル・ゴフ他／鎌田博夫訳	478
624	食べられる言葉	L.マラン／梶野吉郎訳	284
625	ヘーゲル伝〈哲学の英雄時代〉	H.アルトハウス／山本尤訳	690
626	E.モラン自伝	E.モラン／菊地,高砂訳	368
627	見えないものを見る	M.アンリ／青木研二訳	248
628	マーラー〈音楽観相学〉	Th.W.アドルノ／龍村あや子訳	286
629	共同生活	T.トドロフ／大谷尚文訳	236
630	エロイーズとアベラール	M.F.B.ブロッチェリ／白崎容子訳	
631	意味を見失った時代〈迷宮の岐路IV〉	C.カストリアディス／江口幹訳	338
632	火と文明化	J.ハウツブロム／大平章訳	356
633	ダーウィン,マルクス,ヴァーグナー	J.バーザン／野島秀勝訳	526
634	地位と羞恥	S.ネッケル／岡原正幸訳	434
635	無垢の誘惑	P.ブリュックネール／小倉,下澤訳	350
636	ラカンの思想	M.ボルク=ヤコブセン／池田清訳	500
637	羨望の炎〈シェイクスピアと欲望の劇場〉	R.ジラール／小林,田口訳	698
638	暁のフクロウ〈続・精神の現象学〉	A.カトロッフェロ／寿福真美訳	354
639	アーレント=マッカーシー往復書簡	C.ブライトマン編／佐藤佐智子訳	710
640	崇高とは何か	M.ドゥギー他／梅木達郎訳	416
641	世界という実験〈問い,取り出しの諸カテゴリー,実践〉	E.ブロッホ／小田智敏訳	400
642	悪　あるいは自由のドラマ	R.ザフランスキー／山本尤訳	322
643	世俗の聖典〈ロマンスの構造〉	N.フライ／中村,真野訳	252
644	歴史と記憶	J.ル・ゴフ／立川孝一訳	400
645	自我の記号論	N.ワイリー／船倉正憲訳	468
646	ニュー・ミメーシス〈シェイクスピアと現実描写〉	A.D.ナトール／山形,山下訳	430
647	歴史家の歩み〈アリエス　1943-1983〉	Ph.アリエス／成瀬,伊藤訳	428
648	啓蒙の民主制理論〈カントとのつながりで〉	I.マウス／浜田,牧野監訳	400
649	仮象小史〈古代からコンピューター時代まで〉	N.ボルツ／山本尤訳	200